女人受益一生的口才课

（珍藏版）

×

米苏——编著

中国纺织出版社

内 容 提 要

一个女人的美好，不仅仅体现在优雅的外表上，还隐藏在言谈举止上。毫不夸张地说，语言是女人裸露的灵魂。一个会说话的女人，能在任何场合都从容自如、恰如其分地展示自己，不温不火地彰显出非凡的美。当我们无法选择与生俱来的容貌时，可以借助后天的修炼，让自己拥有优雅的谈吐和睿智的表达。本书通过实例和分析，从多个方面展示了口才的魅力，同时也为女性读者提供了实用可行的说话技巧。

图书在版编目（CIP）数据

女人受益一生的口才课：珍藏版 / 米苏编著.--北京：中国纺织出版社，2017.7 （2022.6重印）
ISBN 978-7-5180-3500-7

Ⅰ.①女… Ⅱ.①米… Ⅲ.①女性—口才学—通俗读物 Ⅳ.①H019-49

中国版本图书馆CIP数据核字（2017）第075341号

策划编辑：郝珊珊　　责任印制：储志伟

中国纺织出版社出版发行
地址：北京市朝阳区百子湾东里A407号楼　邮政编码：100124
销售电话：010—67004422　传真：010—87155801
http：//www.c-textilep.com
E-mail：faxing@c-textilep.com
中国纺织出版社天猫旗舰店
官方微博http://weibo.com/2119887771
三河市延风印装有限公司印刷　各地新华书店经销
2017年7月第1版　2022年6月第2次印刷
开本：710×1000　1/16　印张：16.5
字数：171千字　定价：49.80元

序言

也许，你曾在闹市区、高档的咖啡馆或餐厅里遇到过这样的女人：她们模样标致、服饰新奇，可一开口满是污言秽语，丝毫没有素养可言，与其外表的美形成了巨大的落差，这样的女人，纵然美若天仙，也不可能博得众人的欣赏、喜欢和尊重。

当然，你可能也见过另一种女人：她们其貌不扬、穿着普通，言谈举止却带着一股如春风般温暖的气场，让人听了不自觉地就动了情，深深地被吸引。不管在什么样的场合，面对什么样的人，她们都能用合适的语言和姿态博得满堂彩。纵使荆钗布衣，依然不掩国色。

是的，美丽的女人总是最先博人眼球，但这份美丽会随着岁月的流逝而淡去，也是可遇不可求的，天生美貌的女子终究只是少数，多数人都是芸芸众生中的平凡人。可是，除了美貌，良好的修养和丰富的内在也可以让女人与众不同，而这些内敛的美，往往都能通过口才展示出现。言谈举止中蕴含的魅力远比外表上的美更深邃、更有吸引力。

没有天生丽质不要紧，努力把自己打造成一个有内涵、有感染力的女人，让所有的美好与魅力在舌尖上绽放。要知道，一个会说话的女人，可以创造出富有感染力的磁场，拉近心灵之间的距离，让人产生温暖而美好的感觉；可以通过妙语带给人舒适感，三两句不经意的寒暄或赞美，就能令人如沐春风；可以在尴尬的荆棘丛中，镇定自若地打圆场，挽回自己和他人的面子，赢得外界的尊敬；可以让陌生人相互产生好感，让相互熟识的人情更浓、爱更深；还可以让有分歧的人相互理解，让彼此怨恨的人化干戈为玉帛。

语言的魅力就在于它能够打动这个世界上最复杂的东西——人心。这本精美的口才书，献给所有热爱生活、渴望美好的女人！愿你们在阅毕这本书后，更愿意去充实内心、丰富思想，把更好的自己呈现给周围的人，用更温和美好的言语去融洽和周围人的关系。

目录

第三章 口无遮拦不是真性情，而是没教养

第四章 恰到好处的赞美，没有谁会拒绝

第一章

会说话的女人，言谈间透着修养

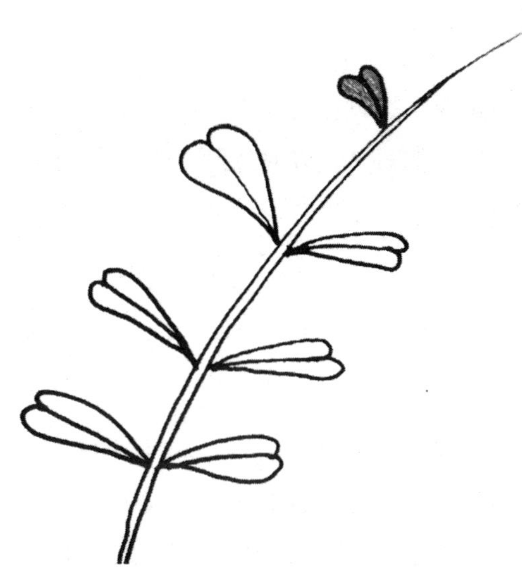

言语的雅俗，勾勒出灵魂的样子

在一家环境优美的餐厅里，客人们都在安静地用餐，悠扬的小提琴声萦绕耳畔。

突然间，一个刺耳的声音响起，众人循着声音的方向看去，那是一个穿着时尚的都市白领，脸上露出狰狞的表情，对着手机爆粗口，粗俗的言语和周身的戾气与她美丽的外表形成鲜明的对比。那一瞬间，她所有的美好碎落一地。

对女人来说，语言是裸露的灵魂，是思想的外衣。谈吐优雅、声音悦耳的女人，即便是荆钗布衣，也会给人以秀外慧中的不俗之感。相反，口无遮拦、嗓音尖锐的女人，就算穿着再雍容华贵，也无法掩盖内里那一副肤浅的灵魂。若在只闻其声、不见其人的情况下，女人的谈吐更是直接反映出她个人的修养与内涵，高雅与粗俗，就在开口的一瞬间。

Z小姐第一天到公司报到，这是她心仪已久的工作，经过两轮严格的考核才获得这个职位，她暗下决心，一定要好好干。没想到，早晨刚出门，天就下起了大雨，到了公司门口后，Z发现自己的鞋子全是泥，她皱着眉头，随口就说了一句："这该死的天气！"声音虽然不高，可旁边的一位男士还是听见了，并微微地皱了一下眉。

Z用纸巾把鞋子擦干净，赶紧上电梯。她发现，刚刚的那位男士也按下了17楼，就主动跟对方打招呼："我也到17楼，你在那上班吧？你知道张龙在哪个办公室吗？"男士说："知道。"Z不客气地说："正好，你带我去找他吧。"男士摇头一笑，没说什么。

到了17楼，男士快速地朝公司走去，Z在后面喊道："你这人怎么回事？刚刚不是说好带我去找张龙的吗？"男士回过头说："你请人帮忙，连一句客气的话都不会说吗？"Z顿时愣住了，她意识到自己确实有点不礼貌，可她又觉得对方小题大做，不想向他道歉，便狡辩说："不就是找你帮个忙嘛！真麻烦。"

Z在前台小姐的帮助下，找到了市场部副总张龙的办公室。刚到门口，她就吓了一跳，原来张龙就是刚刚在电梯里碰到的那位男士。副总虽然没有为难Z，可Z心里并不踏实。和同事吃午饭的时候，她旁敲侧击地向同事打听张龙的性格，得知对方的礼仪观特别强，尤其是对女士，毕竟公司是做服务业的，很看重这一点。

想起自己在张龙面前说粗话，又不礼貌，Z特别后悔。可说出去的话如同泼出去的水，收是收不回来了。唯一的办法，就是今后注意自己的言行举止，尽量弥补和挽回了。

说话彬彬有礼，形象温文尔雅，这是一个有修养的女性必备的要素。说话过于刻薄、狂妄、粗俗，会令人对你产生质疑，即便你是有口无心。女人不能只专注于外表，而不懂得控制自己的言行，一旦给人留下了徒有虚表的印象，会给日后的为人处世带来不便。

一位导师曾经在学生毕业之际留下一段赠言：“礼貌是最容易的事，也是最珍贵的事情。礼貌是良好修养中的美丽花朵、通行四方的推荐书，是人类共处的得体服饰。礼貌无须花费一文，却能赢得很多。”

那么，女人该怎么做，才能在言谈中表现得有修养和内涵呢？

坚决不爆粗口

经营一个端庄秀丽的形象，需要长期内外兼修，而一句污言秽语则可以在顷刻间毁掉这个形象。一句粗口，就会让人忘了你所有的美好，而单单记住那张面目狰狞的脸。所以，无论面对什么样的人、处理什么样的事情，都要控制好自己的情绪。气急败坏、轻易动怒，只会显得你内心浮躁。对有些不满的事情，你可以用确定的词语说出自己的想法，也可以辩驳别人的观点，言辞激烈没问题，但神态要温和，切忌说粗话发泄情绪。

优化你的口头语

每个人都有自己的口头禅，往往不经意间就说出来了。可是别忘了，说者无心，听者有意。口头禅就跟你的外表一样，能够最直接地反映出你的形象，你说什么样的话，就标示着你是什么样的人，它体现着你的文化素养，会让人习惯性地把它和你联系在一起。

如果你总把“请”“您”“谢谢”挂嘴边，会让人感觉举止文雅、有素质；若总是说“没意思”“无聊”“烦”，就会让人觉得颓废和厌倦；若开口就说“疯子”“神经病”，一定会让人觉得粗鲁没教养。

摒弃伤人的话

俗话说："好言一句三冬暖，恶语伤人六月寒。"说话过于刻薄，会显得不够宽容、温润，甚至让人觉得恶毒。所以，开口之前一定要三思，过滤那些刺耳的谩骂、狠话，让自己说出的每句话都温婉含蓄，用智慧去回击那些在言语上伤害自己的人，有条有理，温和大气，这比咄咄逼人更有气势。

不温不火缓开口

说话过快，声音过高，会让人感觉粗俗泼辣，适当地放慢语速、放低声音，会让人听起来更舒服，能透出一种稳重和优雅的感觉，引起别人的重视和尊重。

远离八卦消息

有好奇心是正常的，但八卦切忌通过自己的嘴巴讲出来。喜欢搬弄是非、揭人短处、散播消息的女人，往往会给人以没品的印象，也很难交到真正的朋友，还有可能在不经意间遭人利用，引起周围人的戒心与不满。

女人的魅力不是一日修炼成的，而是从平时的点滴做起，不断提高修养。当你能够做到开口有礼、言行有度，自然就不会有人敢轻视和冒犯你，有了尊重的美，才能称得上高贵。

委婉含蓄的味道，淡雅而绵长

《孔子家语》有云："奋于言者华，奋于行者伐，夫色智而有能者，小人也。故君子知之曰知，言之要也；不能曰不能，行之至也。"

这段话讲的到底是什么呢？我们不妨看看它的出处——

子路穿着华丽的衣服拜见孔子。孔子说："仲由，你为什么穿这么华丽的衣服呢？长江刚流出岷山的时候，只有很小的水流，只能浮起酒杯，等到了江津之时，人们不乘船、不避开风浪就不能度过，不就是因为下流的水盛大的原因吗？如今你穿着华丽的衣服，颜色这么显眼，天下的人谁还会把你的过错告诉你呢？"

子路快步地走了出去，换了一套衣服再来拜见孔子，一副自得自在的样子。孔子又说："仲由，你要记住：夸夸其谈的人华而不实，喜欢表现的人总爱炫耀，有能力和小聪明的就表现在脸上，这是小人的作风。君子知之为知之，这是说话的关键，不能为不能，这是行为的准则。"

俗话说：水深流去慢，贵人语话迟。一个有修养的女人，从来不会喋喋不休、夸夸其谈，借助话语来标榜自己，那是肤浅和虚荣的表现。况且，话多容易失言，贪图一时的嘴快，很有可能就会得罪人、招惹麻烦，得不偿失。

璐璐和晓冉是同乡，三年前在晓冉的介绍下，璐璐进入现在的公司做文员。两个人的关系很好，虽在同一公司同一部门，私底下的姐妹情并没有受到什么影响。晓冉在工作能力比较突出，人际关系处理得也不错，公司领导商议后，决定升她为人事部主管。

升职后的晓冉，成了璐璐的直属上司。璐璐也算配合，在工作上鼎力支持自己的朋友，偶尔还会帮晓冉一起带带部门里的新人。但是，过去都是晓冉和璐璐单独相处，说话的时候没那么多忌讳，可现在晓冉是公司里的中层领导了，还是人事部的主任，自然得在下属面前树立一点威严。璐璐大大咧咧的，根本没意识到这一点，好几次在说话时都犯了大忌。

璐璐总觉得，晓冉是自己的朋友，不必太拘束，所以，当着新同事的面，她毫无忌讳地跟晓冉大谈特谈过去："还记得吗？咱们第一次去办社保，你不知道在哪儿，竟然跑错了地方，急得都快哭了。""还有那次，你给公司的同事办工伤，给人家弄错了……"更要命的是，璐璐居然当着同事的面，直截了当地评论晓冉的衣装打扮："你这身裙子什么时候买的呀？我怎么没见你穿过？说实话，这款式没有你上次买的那件好看……"

一开始，晓冉都容忍了，希望璐璐能收敛一点。可后来发现，璐璐竟然还在犯同样的错误，她就在微信上跟璐璐发了脾气："拜托你，能不能在办公室里少说两句？有些事我们知道就行了，何必拿出来当茶余饭后的谈资？好歹是朋友，你得给我留点面子吧？你让我在部门里怎么做人？说话之前，你先在脑子里过一遍，别什么事情都拿出来说。"

认识这么久，晓冉一直都是温和沉静的，从来没有发过这么大的脾气，说过这样的话。璐璐知道自己踩了雷，心里很不是滋味，回头想想自己做的事，确实有点"大嘴巴"了。

像璐璐这样的女性，原本并没什么恶意，可话说得太多了，说得不合时宜，就会给人留下不好的印象。说话是一门艺术，得当与否体现的是个人修养，既要讲究分寸，还要讲究场合，并考虑对方的身份和情绪。真正会办事的女人，就算是私下单独和朋友相处，也不会什么话都说，更别提是在职场上了。

身在职场，你的一举一动，周围都有人看着，很多事情都是“说者无心，听者有意”。像璐璐这样，与自己的上司私交不错，却总是把对方的软肋拿出来示人，这显然犯了大忌。好在晓冉是一个宽厚的人，能够容忍你、提醒你，倘若换成一个脾气暴躁的，很可能就此断了情谊，形同陌路，更有甚者可能会让你直接丢掉工作。

率真是女人美好的特性之一，但率真不等于说话不动脑子。当率真被演绎成说话不注意场合和方式，它就成了肤浅和庸俗，让人产生厌烦和不信任的感觉。久而久之，人们就会对这样的人敬而远之。那么，作为女性，该如何做到适时直言，而不失修养呢?

注意说话场合

到什么山上唱什么歌，这个道理想必大家都明白。在庄重的场合，说话就要谨慎、合乎时宜，不能说一些低级趣味的话语，更不能拿别人的隐私开玩笑。不该说的不说，不该问的不问，尊重别人就是尊重自己。

注意说话对象

见什么人，说什么话。对待上司，绝不能像璐璐那样，当着其他同事说有伤上司尊严的话；对待长辈，说话要有礼貌；对待晚辈，态度要温和。只有这样，才能拥有好人缘。

切忌滔滔不绝

试想一下：你身边有两个女人，一个叽叽喳喳，喋喋不休地说个不停；另一个低着头不言语，利用目光、神态、表情、动作等各种因素，或明或暗地表达自己的思想感情，你觉得谁的气场更强一点呢？显而易见是后者，你情不自禁地会被她的气场所折服。

有道是："天不言自高，地不言自厚。"

修养是由内至外散发出来的，而不是靠语言来堆砌的。很多时候，不是必须说的话，大可不开口，沉默也是一种无形的力量，虽然没有口头上的言语，却能由里及外表现出谦和大度、优雅从容，是剔除浮躁后的宁静，是拒绝平庸后的高贵，是抛弃浅薄后的深刻，能让女人更显魅力。

低调一点儿，会显得更有魅力

一位女讲师一度陷入自卑的沼泽中，为自己的身材懊恼，为自己的身高痛苦，对自己的本科学历耿耿于怀。终于，一个偶然的机会，她找到了可以展示自己绝妙口才的舞台。

在台上，在人前，她滔滔不绝，口若悬河，讲述着超脱世俗的感悟，就像在谈论自己的人生观一样自然。那段日子，她给人留下的印象很好，许多人还因她的言论豁然开朗，获得了平和的心态。人们都认为她本人与她所讲的一样，是超脱俗世的。

现实若真如此，她亦表里如一，那就没什么可说的了。偏偏在声名鹊起之后，她频繁又高调地出席各种访谈，衣服越穿越性感，和讲台上的她简直判若两人。

有人直接批判："你在台上高谈论阔，一副淡然寡欲的样子，可在生活中也没有拒绝欲望的勇气，甚至还在想尽办法利用一切机会展示自己傲人的口才。"

慢慢地，那些最初钟爱她的人，突然也来了一百八十度的大转弯，开始厌烦她那一世疏狂的姿态，认为她太过做作和虚伪。

口才是一把双刃剑，用好了能提升个人魅力，用不好就会使自己的形象大打折扣。在生活中说话做事，虽说不必处处小心谨慎，但也该懂得思想与内涵远比口头上的卖弄更令人欣赏。那些总是喜欢在言论上标榜自己、夸夸其谈的人，往往会给人一种浮躁的印象。

苏娅一直很孤僻，没什么朋友，多年来一直如此。倒不是她刻意拒绝别人，而是很少有人受得了她的个性。现在的她，在一家外企就职，工作能力毋庸置疑，唯独人际关系如坚冰，没有能说上话的同事。

刚入职时，她在商务中心做接线员，因为口语出众，很快就被调到了人力资源部做人事专员。升职加薪，无论在哪个公司，都是常见的事，低调地享受自己付出换来的回报，不是挺好吗？偏偏，苏娅摆出了一副不可一世的样子，举止投足间都透出一股傲气。

人事专员主要负责招聘等事宜，每次有新人来面试或者办理入职，她必定会在背后指责新人的不足："亏她还是重点大学毕业的呢，六级都没过""穿着打扮真是没品位，怎么走进这写字楼的”“让她填个表，瞧这一通问，不知道动脑子吗”……

起初，同事听到这些话，还礼貌性地做出一点回应，可谁都知道，背后这样议论别人不是什么好事，况且人家学历高低、穿衣品位如何，都是人家自己的事，多说无益。渐渐地，办公室里就只剩下苏娅盛气凌人地标榜自己、贬低别人的声音。

言多必失，此话一点不假。果然，有一次苏娅在“评议”新来的助理时，被上司听到了。上司对待工作向来严谨，他欣赏苏娅的能力，但更欣赏处世低调的人。他私下告诉苏娅，新来的助理在美国生活了十年，英语水平足够做同声翻译，只是她向来低调，不喜欢炫耀。

听到这些，苏娅顿时就不说话了。面对上司，再想到新来的助理，她只觉得脸上发烫。这种感觉，就像是在班门弄斧，让人贻笑大方。她觉得自己了不起，处处高调炫耀，却不承想在这样的时候，她自认为的那点高傲，已经成了别人眼中的肤浅。

女作家亦舒告诫女人：“真正有气质的淑女，从不炫耀她所拥有的一切，她不告诉人她读过什么书、去过什么地方、有多少件衣服、买过什么珠宝，因为她没有自卑感。”励志大师卡耐基也提醒过女人：“如果我们只是要在别人面前炫耀自己，使别人对我们感兴趣，我们将永远不会有许多真实而诚挚的朋友。”

某知名的女主持人，说话的时候声音细细的，每次想表达自己的观点，也总是不慌不忙地娓娓道来，然后露出一抹微笑。曾经，有人批评她的主持风格太过温情，太过小心翼翼，没有尖锐和硬朗的一面。

对于这样的评价，她不温不火地解释道："在语言上压住嘉宾，不是什么难事，但不是我的风格。有理不在声高，不露声色地把自己想表达的东西说清楚，反而更有说服力。我一直喜欢'润物细无声'的境界，轻松而温和，把我相信的、想说的话告诉别人。"

山不凸显自己的高度，却依然耸立云端；海不解释自己的深度，却依然海纳百川；地不炫耀自己的厚度，却依然没有谁能取代它承载万物的地位。话多不如话少，话少不如话好。富有感染力的优雅女人，纵然在话语上不高调，可周围的人还是会情不自禁被她的谦和大度、安静从容所折服。很多时候，言语上没有丝毫的傲慢、卖弄和张扬，一样可以掌握主动权。

沉默和低调并不是指一味地不说话，而是一种成竹在胸、沉着冷静的姿态，是由里及外表现出谦和大度、优雅从容的修养。这是剔除浮躁后的宁静，是拒绝平庸后的高贵，是抛弃浅薄后的深刻。沉静的美，永远是最高贵、最令人回味的。

亲爱的，你可以温和不焦躁

潇潇被派到生产部门做主管之后，完全像变了一个人，从前说话慢条斯理的她，不知怎地，那点儿耐性荡然无存。特别是上个月，几乎隔两天就会在单位发一次脾气，有时冲着供应商摆脸色，有时对其他部门的人说一些带刺儿的话，俨然成了一个浅薄、没素养的悍妇。做维修的供应商在私底下对她的下属说："你们这位女上司也太凶了！"

潇潇打心眼里不愿意给人留下这样的印象，但可生产线上的事实在不能耽误，停一分钟就等于浪费了大量的钱财，无奈有些下属就是不配合，她怎能不急？好说歹说不行，潇潇只能冲着对方大吼，说一些带刺的话，直到对方哑口无言去做事。

其实，每次说完那些话，潇潇都会后悔，心里也一直自责："太有失体统了！花了七八年的时间，才把自己的急脾气给改了，现在怎么碰到一点儿事，就忍不住焦躁。"

焦躁的火焰不只在公司里燃烧，发脾气发习惯了，回到家后稍有不顺心的事，潇潇也会发脾气。好在爱人脾气好，不和她争执。看着丈夫笑盈盈的脸，她心里也有愧疚：他的工作比自己辛苦多了，压力也很大，可不管在公司遇到多烦的事，他都不会把情绪传染给家里人，对自己也总是温和的、细声慢语的。相比之下，自己把工作和生活混为一谈了。

女作家三毛曾说："从容不迫的举止，比咄咄逼人的态度，更能令人心折。"

恬淡温和的气质最能打动人心，也最容易给人以好感。这份恬淡来自外表的安静，更少不了言语的温暖可亲。遗憾的是，很多女人忽略了这一点，就像潇潇一样，可能是因为情绪不好，就忘记了说话的尺度，不讲情面，咄咄逼人，似乎只有这样才能凸显自己的威严。其实，如此作为，只会让人觉得不可理喻、荒谬无比，甚至把自己置身于众叛亲离的尴尬境地，弄得人际关系一塌糊涂。

个人的威严不在于言辞是否犀利，而在于内在辐射出的气场。当发生意见不合时，那些气场强大的女人从来不会对别人横加指责、胡乱抱怨，也不会大发脾气，而是心平气和地处理矛盾。人们欢迎的往往是那些行为友善、令人轻松愉快的女人，因为这种女人的气场是温和的、明亮的，就像冬日的阳光一样。得饶人处且饶人，气场会辐射到更多人身上，如此我们也就拥有了更多的人气、更多的朋友。

为了筹备伊丽莎白女王80岁的生日庆典，英国广播公司要拍摄一部女王的纪录片，还特意请来一位著名的摄影师做指导。就在拍摄纪录片的那天，摄像指导看到女王穿着华贵盛装出席，他提议说："如果您取下王冠的话，拍摄效果可能会更好……"

谁都知道，王冠是女王的标志和权力的象征，在所有重要的场合，伊丽莎白都会佩戴王冠，这一次的生日庆典自然也不会例外。摄影师的话还没说完的时候，女王就已经很生气了，只是她一直保持淡定的姿态。她转向摄影师，说道："穿少一点？你以为这意味着什么？"看到女王生气了，所有人都很紧张。就在这时，女王突然又缓和了气氛，说："我不会更换任何服饰，我有非常多此类的盛装，谢谢你。"

想一想，在自己非常愤怒的时候，竟然还能够对那个提建议的人说"谢谢"，这是怎样的一种修养？如果她当场发火，痛骂摄影师，多数人也会表示理解，这毕竟是冒犯了她的尊严。但是，女王没有咄咄逼人，她收敛了自己的情绪，因为她知道，一个有教养的女人，不应该在众人面前表现出歇斯底里，而是要时刻保持优雅的姿态，不管谁说了什么、做了什么。

相信任何一个渴望美好的女性，都不愿意给别人留下肤浅、粗俗、愚蠢的印象。很有可能，你也正在为“难以改掉”咄咄逼人的习惯而懊恼不已。面对这样的情况，该怎么调整呢？其实，关键就在于平时把握好自己。

三思而后言

说话做事之前，先在脑子里过一遍，掂量一下：这些话说出去会有什么样的后果？会带给他人怎样的影响？会不会伤到别人？倘若会伤人，还有没有其他表达的方式？坚持按照这个原则去做事，自然就会成为一个出言谨慎、话有分寸的女人。

退一步想想

口无遮拦的女性，大都是性格比较直接，遇到了委屈不公平的事，控制不住自己的脾气，情绪一失控就乱说话。其实，在发生不愉快的时候，只要退一步想想，提醒自己要冷静，可能只是几秒钟，就能避免恶语出口。

不断丰富学识

知识丰富了，眼界宽了，境界高了，人自然就变得更加宽容、善良，渐渐变得性情温和、脾气温顺、言行温文尔雅，不再以出语伤人为自己的本事，情绪也便趋于稳定了。和为贵，忍为上，虚怀若谷，谦卑宽容。以这样的健康心态处理事情，不但可以得到一个满意的结果，而且会给别人留下优雅大度的美好形象。

该说话的时候，拿出自信来

奥斯卡是电影界举世瞩目、星光灿烂的盛典，也是许多电影人穷极一生所追求的目标。毫不夸张地说，所有参加奥斯卡颁奖典礼盛宴的人均是电影界出类拔萃的人物，如何从中彰显口才的魅力至关重要。

通常，奥斯卡获奖典礼时感言不能超过40秒，可对于美国女演员珍妮弗·康纳莉的获奖感言，所有人都觉得有些尴尬。2002年，珍妮弗·康纳莉凭《美丽心灵》获当年的奥斯卡最佳女配角奖时，她情绪激动地走上领奖台，“嗯，能够获得大家的肯定我很激动。我想说的话有很多很多……嗯，在这里呢，我要感谢很多人……”接着，她居然拿出了一长串要感谢的人员名单，并且低着头一个不漏地照着念完，让观众听了直打哈欠。

相比之下，朱丽娅·罗伯茨的表现就好多了。2001年，她因《永不妥协》被封影后，一时间激动得什么也说不出来，傻笑了3分钟才停顿下来，但随后就简洁有力地说了一句：“我爱死这个地方了！感谢在我的一生中我遇到的每一个人。”话语简短却有力，不拖泥带水，赢得了全场热烈的掌声。

虽然朱丽娅·罗伯茨所用的时间超过了40秒，可是她的获奖感言如此精短、如此有力，表现得落落大方，在场的人都被她那份真实和热情的姿态感染了，目光紧紧地跟随她，而这些珍妮弗·康纳莉显然没有得到。

生活中也有不少这样的例子，中国人向来讲究含蓄，说话做事不喜欢太浮夸，但如果含蓄得太过了，就会让人觉得扭扭捏捏，不够大气。本该轮到她发表意见和感想，却总是唯唯诺诺，这样的女性在人前是没有魅力可言的，她周身散发的都是不自信的磁场。不管什么时候，想得到别人的赏识、获得更好的机会，都要善于用口才表现出最好的自己。

刚从管理系毕业的研究生小苏，按照约定的时间到一家业界很有名的公司面试，面试官刚好是这家企业的总经理。这位领导也是见多识广，根本没有把初出茅庐的小苏放在眼里，没说两句，就以不容商量的口吻说："我们这里没有适合你的职位。"

小苏不是那种怯懦的女生，没有知难而退，而是话锋一转，柔中带刚地反问那位总经理："您的意思是，贵公司人才济济，不需要外人的帮助，就可以在商场中立于不败之地？外人纵然真有才能，也不给予机会？"

总经理有些惊讶，沉默了片刻后，说："那你跟我谈谈你的想法和计划，不要客气。"

小苏见总经理的态度温和了一些，便知还有机会，她落落大方地把自己的想法陈述出来，总经理听了频繁点头。而后，对方就改了口："你明天就来上班吧，希望你能一直保持这份热情和自己的立场，也期待你在公司干出好的业绩。"

在某些场合中，沉默不语是一种谦逊的美德，但在需要展示自己的时候，就要冷静而大方地说出自己的想法，让别人认识自己、了解自己。如果总是害羞做作，说话扭捏，则会给人一种不自信甚至是不礼貌的感觉，这是女性说话最大的忌讳之一。

想要用口才凸显自己的能力和魅力，克服害羞扭捏的习惯，一定要注意以下几点。

培养自信心

不少女性在公众场合不敢开口说话，原因就是缺乏自信，总觉得别人的想法比自己的好，别人的话语比自己高出一筹。长期这样唯唯诺诺，就很难再在人前开口讲话了。所以，想表现出自己的得体大方，就必须战胜内心的胆怯，大胆地说出自己的想法，只要你说得合理，那你就是对的。别忘了，自信的女人永远是美丽的。

加强内在修养

能够在公众场合发表自己的言论，赢得众人的称赞和认可，靠的不是多么华丽的语言，而是本身的能力和内在的学识修养。只有不断地提高自身的素养，才能在该说话的时候有话可说，说到点子上，那些哗众取宠的方式向来都不为人所喜欢。

打破传统观念

很多女性受传统观念的影响，总觉得女人就要娴静，不能过分张扬。然而，这个时代已经与过去大不相同，女人在社会上的工作、地位已经逐渐与男人相当，同样肩负着各方面的责任。所以，在一个平等开放的环境里，积极踊跃地说出自己的心声、做自己想要的事，这是女人的权利，只有敢于打破传统，踊跃地参与交际中，才能得到更多的机会。

有教养是懂得照顾别人的情绪

法国启蒙思想家孟德斯鸠说过这样一段话："我从不歌颂自己，我有财产，有家世，我花钱慷慨，朋友们说我风趣，可我绝口不提这些。固然我有某些优点，而我自己最重视的优点，即是我谦虚……"仔细玩味，会发现这番话里蕴含着深刻的处世之道。

Tracy是个热心肠的女人，得知自己的好友晓诺因丈夫的公司经营不善，赔了不少钱，便想着约她出来散散心。周末，她打电话约来了晓诺，还有其他两位朋友。吃饭的时候，气氛还是挺融洽的，谈谈哪儿开了新餐厅，说说最近在用什么护肤品，都是女人间常聊的话题。

组织聚会之前，Tracy也跟其他两位朋友说了晓诺的情况，提议见面时少谈跟生意有关的事。谁知，酒一下肚，爱炫耀的菲姐就忍不住说起了自己的老公，说他在单位里如鱼得水，最近有可能要升职。说话的时候，那得意的神情简直有点忘乎所以了。Tracy一个劲儿地给菲姐使眼色，菲姐大概真是得意忘形了，根本没意识到。

晓诺在一旁坐着，低头不语，一会儿去趟卫生间，一会儿又说打个电话，最后，干脆找个借口提前走了。Tracy连忙去追晓诺，晓诺的脸色很难看，说道："故意在我跟前炫耀是吗？风水轮流转，我就不信了，太阳就只从你家门前过！"

真是十年河东，十年河西。没过多久，晓诺的老公靠着一位朋友的帮忙，又做起了老本行，规模虽然不大，但有了上次的教训，他也算长了经验。再看菲姐的爱人，因为出言不逊，职位被别人顶替了。几位朋友再相聚，晓诺当着菲姐的面没说什么，可私底下还是跟凯莉说：“人不可能一辈子都得意，早知今日，何必当初呢！”

失意的人的心理就像脆弱的蛋壳，稍一碰触就会被击碎。他们在情绪低落的时候，比平日里更容易多心，别人所说的每一句炫耀得意之事的话，在他听来都是充满嘲讽和讥笑的，他会觉得别人是在故意戏弄他，看他的笑话。更糟糕的是，有时候这种负面的情绪还会演变成记恨，深植于内心深处。他不仅会疏远你，在你日后遇到麻烦的时候，就算他能帮忙，他也未必会伸出援手。

顾蕊结婚后不久，爱人就因病住院了。一个对爱情、对婚姻充满着无限憧憬的年轻女孩，还未来得及享受丝毫的甜蜜，就被眼泪和担忧包围了。爱人病得很重，医生说很可能落下后遗症，导致左侧身躯不能动弹。恐惧之余，顾蕊心里更多的是自责。

恋爱的时候，顾蕊就听他说起过，经常会觉得头疼。她以为，不过是工作累，歇歇也就好了，没什么大碍，一直没陪他去医院检查。没想到，一步错，步步错，竟酿成了现在的结局。她后悔莫及，新婚燕尔的甜蜜化成了一杯苦涩的水，她不知道自己是否真的有勇气咽下去，兑现婚礼上的誓言：不离不弃。

痛苦来袭时，顾蕊想给自己的心找个出口。她想到了任苒，那个离她千里之外却一直被她视为知己的女子。她觉得，这些感受说与任苒听，或许可以得到些许安慰。在她心里，任苒是一个重情重义的女人，她希望从任苒身上获取一些鼓励。

在网上，她把自己的经历跟任苒说了，包括自己如何在医院里跑前跑后地忙碌。她万万没想到，任苒开口的第一句话竟然是：“我最讨厌去医院，要是我，早就崩溃了。”当顾蕊说到爱人的病情和今后可能出现的糟糕情况时，任苒说：“也许我的话不好听，结婚前你怎么不去带他检查呢？这么大意……”顾蕊没有说什么，只觉得心寒。

没想到，接下来更让顾蕊窝心的事情出现了。

任苒现在未婚，正处于热恋的阶段。顾蕊说的这些事，她似乎根本没往心里去，也不知道此刻的顾蕊是多么难过，精神已经到了崩溃的边缘。任苒没有给出一句安慰，泼了冷水之后，又大谈特谈自己的爱情：“你就是活得太操心了，什么事都要靠你。我和他在一起，生活上不用我操心，他各方面能够帮到我的，就像跑医院这样的事，我可做不来的，我生病了都是他带我去。如果我是你，我现在恐怕都已经崩溃了，根本不知道怎么处理。我觉得，你比我坚强多了……”

顾蕊实在听不进去，关掉了和任苒的对话框。她怎么回味任苒的话，怎么都觉得，对方是在看她的笑话，嘲笑她没有找到一个好的依靠，凡事都得靠自己；嘲笑之余，还有点幸灾乐祸，觉得她自己很幸运，遇到了一个身体健康、宠爱她的男人。顾蕊突然很后悔，后悔向任苒说自己的遭遇，她没有得到丝毫的安慰和宽解，反倒是给心里添了堵。

那次聊天之后，任苒在顾蕊心里的好感彻底消失了。她不再关注任苒的任何消息，屏蔽了她的QQ，电话也拉进了黑名单。她实在无法容忍，在自己最心痛、最低落的时候，自认为知心的朋友，会说出这样刺耳的话，竟还在自己的面前炫耀她的幸福。

生活中，真正能够做到喜怒不形于色的女人屈指可数。多数女人遇到开心的事，都忍不住与人分享。分享没有错，但分享要看场合、看情况，他人的婚姻和生活正遭遇着一场暴风雪，你却大谈特谈日子的温暖和甜蜜，实在有点不近人情。

人生总会有得意的时候，也总会有值得炫耀的地方，但最可贵的不是这些，而是低调和谦虚慎言。若不懂得收敛，明知某人正处于失意当中，还不懂得压制一下自己心中的“得意之事”，此行此举未免有点太浅薄、太不近人情了。

在不会跳舞的人跟前，谈论跳舞的话题不会让你显得多有素养，反而让你显得更加无知。同样，在失意的人跟前炫耀自己的得意，就算是无心说的，也会招惹别人的忌恨。想要人缘好，每逢开口之前一定要记住，不管谈论什么，都不要让人产生自己被比下去的感觉。

善解人意的倾听最是贴心

“上帝给了我们两只耳朵、一张嘴，是让我们少说多听。”对于这句话，很多人都不陌生，但在生活中真正能做到的并不多。多数人在沟通时都只记得用嘴，忘了给耳朵留一席之地，让它充分地发挥作用。

其实，会倾听比会说话更重要，也更难得。那些受人欢迎和尊重的女性，通常都是少说话或不说话，让自己有更多的时间去倾听别人说，而后思考，让每一句从自己嘴里说出的话都有分量，能得到别人的重视。在交谈的过程中，她们会全神贯注地倾听，通过赞同的微笑、肯定的点头，或是用手势和体态做出积极的回应，告诉对方“我在听”，给人以尊重的同时，也凸显了自己的修养。

在简·奥斯汀的小说《傲慢与偏见》中，有这样一处情节：丽萃在一次茶会上，耐心而专注地听一位刚刚从非洲旅行回来的男士讲话，听他叙述路程中的所见所闻，整个过程，她几乎没怎么说话。可是，分别的时候，那位男士却对别人说，丽萃是一个多么善于言谈的姑娘啊！其实，丽萃只是做了一个好的听众，可是在对方心里，这样的倾听胜过滔滔不绝的回应，给人留下的印象也是善解人意、温婉美好的。

一位女心理咨询师在跟很多来访者沟通时发现，很多时候对方真的不需要你给她什么建议，他们只是需要有一个树洞来倾听。你只要适当地提问，做一个专注的倾听者，允许他把心里的感受释放出来，就可以带给他慰藉和帮助。

这就是倾听的魔力，不必巧舌如簧，只要洗耳恭听。在一次采访中，记者问崔永元：“为什么你这么有口才？”崔永元说：“其实我嘴很笨，只是‘耳才’还可以。”记者当即有点懵，没明白他的意思，就问：“‘耳才’怎么讲？”崔永元解释说：“聊天、谈话的关键是要听得好。”

怎么样才是听得好呢？崔永元给出的答案是：“听人说话能听到画龙点睛，此一境界；听人说话能听到入木三分，又一境界；听人说话能听到刻骨铭心，最高境界。”

细细想来，情况确实如此。有些女性口才很好，但没有“耳才”，很容易掉进自己挖的“陷阱”，那就是以自我为中心讲个不停，逞一时口舌之快，不顾他人的感受，这种行为很容易引起别人的反感。说得再多，不如会听，会倾听的女性，才是真正会聊天的人。

当然了，倾听也是需要一些技巧的，而不是干巴巴地坐着，一言不发。

倾听要拿出诚意

交流的最高境界，是心与心的沟通，唯有真心才能换来真意。所以，倾听的基础就是拿出自己的诚意，不要摆出一副敷衍了事的态度，没有谁愿意把自己的心向不重视自己的人敞开。对别人所说的一切，给予平等和尊重，高高在上、盛气凌人的样子，谁都不喜欢。

保持客观的心态

当别人有事向你倾诉的时候，要调整好自己的心态，不能受对方情绪的传染，把他的负面情绪变成自己的，这样既帮不了对方，也会让自己难过。劝解对方也好，给建议也罢，言语应适中，不能把问题激化。劝慰之后，要及时从这件事里跳出来，不要积压在自己心里。

不可以照单全收

对于那些不好的消息，以及个人恩怨是非的传闻，听过之后就算了，绝对要避免从自己的口中传出去，要做到心中能装事，守口如瓶。另外，也要学会选择判断，不能听到什么就相信什么，得有自己的分析和主见。

适当提问给予回应

一个好的倾听者，绝不是像木偶一样坐着，闭口不言。会沟通的女人，经常会在对方讲话的过程中，不时地提出几个问题，或者用表情、插入语和感叹词给予回应，告诉对方自己正在仔细地听，并且对他说的话很感兴趣。

别随意打断别人的话

当对方想表达的太多，或是情绪激动的时候，可能在语言上会显得有些凌乱。这个时候，耐心地听对方把话说完，就算有些内容你不喜欢，也不能随意打断。想想看，如果是你正说在兴头上，被被人突然打断，换了话题，你是不是也会觉得很无趣？甚至认为对方不解人意，缺乏教养。己所不欲，勿施于人，就是这个道理。

倾听要做到专注

听别人讲话的时候，最好保持安静，专注地去聆听，切忌做其他的事情，比如一会儿玩手机、一会儿打电话，或是拿东西。这样的话，对方会认为你心不在焉，很容易对你失去信任和好感，不想再说下去。选择听，就要做到专注，让对方感受到你的理解和真心，他才会感到自己受重视，愿意跟你接近。

必要时可以沉默

沉默看似没有回应，但其实也藏着丰富的信息。如果把整个谈话过程视为一篇乐谱，沉默就相当于休止符，用得好完全能达到无声胜有声的效果。比如，当对方说完自己悲情坎坷的经历后，你不必急着发表言论，与之四目相对，眼神中给予对方鼓励，这种沉默就是最好的安慰，因为你在告诉对方，你懂。

总之，倾听要做到耳到、眼到、心到，做一个有耐心、善解人意的听众，把你所有的诚意都表现在脸上，你就等于多了一张受人欢迎、彰显魅力的王牌。

知性优雅，也得贴近生活

提起女人的知性与优雅，奥黛丽·赫本无疑是一个绝佳的代言。她的美，从没有因为岁月的侵蚀而褪色。70岁时，她走访非洲儿童，那时的她已经不再年轻貌美，可她拥抱非洲儿童的动作里、怜悯的神态依然透露出一种优雅和高贵。

奥黛丽·赫本说："在非洲，我从来没看到过乞求施舍的双手，只看到不幸人的高贵举止，他们从没有憎恨过生活。"她神态文雅而平和，眼睛里饱含着纯真与善良，言语中透出了一种热爱生活、关注生命的气息。她是美丽的，她的语言和她的人一样，充满了优雅与知性的魅力。

女人的谈吐是内涵的镜子，一味地凭借伶牙俐齿逞口舌之能，或是强言狡辩，只能让人觉得肤浅和粗俗；唯有具备了丰富的内在、充足的知识作为底蕴，才可能妙语连珠，连绵不绝。看一个女人是否会说话，不是看她是否说得多，而是看她说出的话是否有品位、有分量。

那么，如何才能让自己的言谈显得更知性、更优雅呢？

多读书，腹有诗书气自华

谈吐优雅的知性女人，一定是有知识储备的。书可以增加女人的见识，平静女人的心灵，提高女人的修养。曾经的美国第一夫人杰奎琳，她的谈吐令世界多国领导人惊叹，她的惊艳口才正是源自丰厚的知识储备。据说，她的房间里有整整一面书墙，沙发上、小憩的地方都散落着书籍。渊博的知识、睿智的头脑、优雅的谈吐，都来自平日里点点滴滴的学习和积累。看得多了，想得多了，久而久之就有了自己的独特思想，与人交流时也便可以出口成章了。

发挥细腻的特质，用心体悟生活

人生的经历，也是丰富内涵不可或缺的一部分。经历得越多，历练得越多，思想就会愈发成熟，看事情也就更能看穿本质。如此，在说话的时候，才能够一下子抓住要点，说出震撼人心、令人心悦诚服的话。

平日里，女人要充分利用自身细腻敏感的女性特质，展开所有的感官去体会生活中的声音、色彩和味道。也许，若干年之后，因为年龄的原因，你早已与青春曼妙断了联系，可内心对生活、对人生却有了更深刻的感触，在与人谈及各种事宜时，俨然就少了一分青涩，多了一分沉稳和成熟。

多了解时政，心中装着世界

优雅知性的谈吐，离不开丰富的谈资。茶余饭后只会四处饶舌的女人，说得再多，也不过是枯燥乏味、令人厌倦的内容；关注时下热点、了解经济政治、心里装着世界的女人，说出来的话有内容、有气度，彰显出的是一番雍容大气、见多识广的魅力，绝非只知柴米油盐、张长李短的庸俗妇人所能比拟。

说的话题要尽量贴近生活

有一类女人，读过很多书，去过很多地方，善于对过往的经历进行总结，算是比较有风度、有涵养的女性，可唯独没什么交心的朋友，甚至很少有人愿意跟她坐下来聊聊天，总感觉话不投机。倒不是她们说话没品位，而是说得太晦涩，让人觉得有点卖弄之意，不够随和。

一位年轻的姑娘很喜欢古典文学，气质上也有几分古典美。这样雅致的女子，却总是抱怨跟人话不投机，没有能说知心话的人。问了一些跟她接触过的人才知道，原来问题不是出在别人身上，而是她说的那些事有点太“飘”了。不管什么场合，跟什么人接触，她动不动就聊《红楼梦》，说说赫尔曼·黑塞，再谈谈尼采，说得头头是道，可真正听懂的人没几个。搭不上话，显得很尴尬；盲目地搭话，担心被笑话；要深入地去谈，谁又专门了解过那些深奥的东西呢？这位类似天下掉下来的“林妹妹”一样的人物，只能让人远观。

知性是对女人的一种赞誉，知性的美在于深厚的涵养、聪慧的头脑、成熟的思想、大气的胸襟，工作上的中性，感情上的细腻。正如康德所说，它是介于感性与理性之间的一种认知能力，而非不食人间烟火，更不是卖弄神秘和学问。女人在说话时的知性美，在于能够为人所理解、所热爱，而不是把新名词、冷僻的理论、深奥的哲学道理挂在嘴边，显示自己的与众不同。

所以，与人聊天时，说的话题要离生活近一点，要与听者的知识水平相当，结合当时的情景、场合，让人能够听懂、感兴趣，而不是自以为是地谈论一些文艺、哲学等话题，说一些专业性的术语。有些深奥的道理，用比喻、夸张的方式通俗化处理一下，或者讲个笑话、小故事，不仅能让对方听得明白，还可能让对方大悟。没有一丝一毫的卖弄，但他人透过语言和逻辑，便能知晓说话者的水平和底蕴。

有些话只可意会不可言传

很多女人把知性与“文艺”和“小资”联系在一起，殊不知，有些话看起来很美，说出来就少了意境，比如“生活是一袭华美的袍子，上面爬满了虱子”，也许这番话通过你的大脑时，留下了微妙的触动感，但它的受众群体并不广泛，除非你跟一些真的热爱文艺或哲学的人讨论，抑或对方也是个小资女、文艺女，那样的话，对方也许知道这是张爱玲的名句。否则，把这些话挂嘴边是不太受人欢迎的，只会让人觉得你虚头巴脑、爱卖弄。

总之，知性与优雅需要渊博的知识底蕴，需要温和从容的神态，更需要生动形象、令人信服的语言，而不是单纯的文绉绉、小腔调。努力成为一个温婉大气、有内涵的女人，多读书，多看看世界，多提高修养，言谈举止自会别有一番韵味。

没有人可以赢得过争论

人与人之间的经历不同，生长环境不同，学识修养也不同，在看待很多问题时势必会有分歧，在做事的方式上也会有出入，若是非要证明自己是对的，博得一个公平，面红耳赤地与对方争辩，实在没有意义。

要知道，当一个女性在众人面前露出一副狰狞的面孔，摆出一副咄咄逼人的架势时，就算她赢了，也不会给人留下好感。就像戴尔·卡耐基所说："你赢不了争论。要是你输了，你当然也就输了；如果你赢了，可你还是输了。"因为，在无谓的口舌较量中，她输掉了一个女人最好的资本，那就是修养。

茜茜来公司已经有半年多了，在这段磨合期间，她总是受到老员工的排挤和打压。最初，她安慰自己说，新人都会有这样的经历，只要做好自己就行了，不必计较太多。可过了这么久，那些老员工依然动不动就摆出颐指气使的样子，这让茜茜有点难以容忍了。

那天，她刚做完报表，公司的元老敏姐又给她安排任务："茜茜，这份合同你去复印三份，快点儿，着急用的。"看着敏姐头也不抬地给自己下命令，茜茜很生气，她假装没听见，坐在工位上不动。过了一会儿，敏姐发现茜茜没反应，就提高了分贝说："你没听见吗？去复印三份合同。"茜茜这回也发飙了，说："你自己不会印吗？我也有很多事做。"

敏姐性格一向泼辣，她怎么也没想到，向来沉默不语的茜茜竟然敢跟自己公然对抗。愣了几秒钟后，她气急败坏地说："去复印一份合同，你会死啊？"

茜茜笑了，针锋相对地说："是啊，我也想问你，去复印一份合同，你会死啊？"

敏姐大声说："这是公司的事，你拿着公司的钱，不为公司做事，想当闲人啊！"

茜茜吼道："难道公司没发给你工资？你在当雷锋吗？这是你的工作，凭什么让我做？"

……

就这样，两个人你一言我一语地吵了起来，同事们纷纷劝解。经理知道后，找茜茜和晓敏分别谈话。席间，经理的话让茜茜豁然开朗。她说："茜茜，你觉得有争吵的必要么？如果你足够自信，认为自己做的是对的，那就坚持好了，她不会把你怎么样。她那么大声地说话，是因为知道自己做的是错的，故弄玄虚，想通过争吵在气势上吓住你。如果你不和她吵，她会更心虚，有理不在声高的道理，我想你也明白。你这样跟她争辩，只能说明，你不够自信。"

细心琢磨经理的话，会发现确实有理。泼辣的敏姐依仗着自己资历老，不把新人放在眼里，随便地轻视人、贬低人，可想而知，她的格局并不大。和这样的人去争论吵架，表面上看似在给自己"争气"，其实恰恰表现出了不够自信的一面。

争吵，从来无法显示一个人有多么能干、多么正确，它只会暴露你的软弱。高声反驳别人，也永远换不来认可和尊重。你在愤怒之中，对别人发作一阵，你心里可能觉得痛快了，可别人呢？你那挑衅的语气、生硬的态度，会让人赞同你、信服你吗？若能心平气和地听别人把话说完，再用温和的语气进行客观分析，别人也不会固执己见。唯有营造和谐、舒适的谈话气氛，才能讨论出好的结果，也不至于因为言语过激而得罪人。

那么，在跟别人发生矛盾的时候，该如何避免争吵呢?

我们在这里，不妨讲一件美国前总统林肯的往事。

一次，有个青年军官与同僚发生了激烈的争执，林肯总统得知后，恨恨地批评了那位青年军官。他说："一个人如果想要成功，就不能偏执于自己的成见，也不能过分地显示自己。你要学会控制自己的脾气，也要学会放弃。与其跟狗争夺路权而被它咬伤，还不如当时就让一让它。事后，就算你可以把狗杀死，可你的伤口也无法马上愈合。"

学会控制脾气，适当地选择放弃，这就是林肯给出的建议。具体到生活中，你可以参考下面罗列的几条忠告。

坚持自己的主见

当你和别人发生争执时，要学着坦然一些。如果你认为自己是对的，那就坚持做你认为对的事，不必在口头上辩解和较量。你越是去争辩，对方越会变本加厉，无形中暴露了自己的软弱，也让对方逞了口舌之快。

大度放手让他赢

避免与人争执的最好办法，就是不争执。当别人向你发起言语攻击的时候，你不还击，看似好像是吃亏了，实际上却显示出了你内心的淡定自若。因为，你不受他人的影响，不为他人的情绪所动。你的沉默、你的无视，会让他的情绪找不到着陆点而自觉没趣，因为他没有实现用语言伤害你的目的，反而被自己的情绪伤害了。

所以，今后再有人与你争论，放手让他赢吧!

说好场面话，什么场合都能从容自如

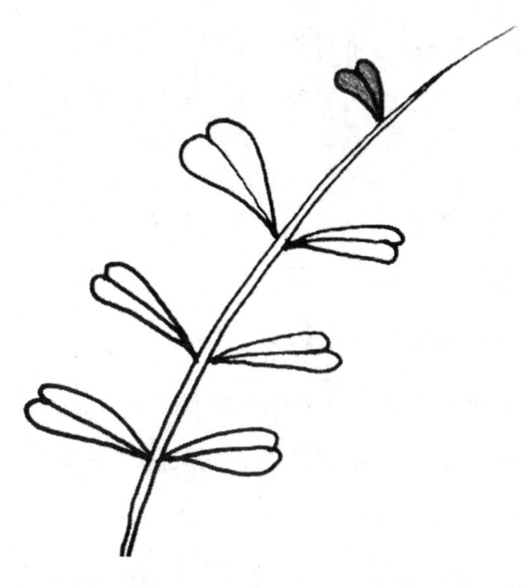

想说场面话，先甩掉羞怯感

有些女性在陌生的环境里，面对不熟悉的人，特别是比自己事业优秀或地位尊贵的人，就会萌生一种羞怯和自卑感，不敢开口表达自己。有时候，在公开的场合里，被要求站起来讲话时，也会觉得浑身不自在，无法清晰地思考，不知道该说些什么。

一般来说，导致羞怯不敢开口的原因有三种。

第一种，习惯性羞怯。这与本身的性格有关，内向、沉静的女性见生人就脸红，对陌生人常常怀有胆怯的心理，不敢开口说出自己的想法。

第二种，认识性羞怯。这类人过分强调自我，有严重的患得患失心理，一举一动都怕人遭到别人的耻笑，必须在很有把握的时候才敢说话或行动。一旦准备不足，就会失去方寸。

第三种，挫折性羞怯。这种人本身不是羞怯性格的人，但因为曾经在交际活动中遭受过失败，产生了心理阴影，对交际“望而却步”。

想要真正地掌握口才，做一个成功的人，在学习口才的技巧之前，最先要解决的就是心理问题，必须扩大自己的心理开放区域，坦诚、开朗、勇敢地表现真实的自我，不要怕暴露自己的弱点和缺点。若是不敢开口，那么不管是谁，都不可能练就好口才，更不能为自己锦上添花。现代社会的种种机遇往往都需要口才来开拓，个人的种种成功也要靠口才来促成。

在一次贸易洽谈会上，一位女业务员对一个正在观看公司产品说明的顾客说："请问，您想买什么？"顾客不感兴趣地说："没什么可买的。"女业务员淡淡一笑说："是呀，别人也说过这样的话话。"而后，当顾客正为此而得意时，她又微笑着说："可他们后来都改变主意了。""哦，为什么？"顾客好奇地问。于是，女业务员正式开始了她的推销。

1924年，华盛顿市市长在中国的北海仿膳餐厅举行答谢宴会。席间，服务员端上一盘点心，并彬彬有礼地介绍道："我们的慈禧太后有一次夜里梦见肉末烧饼，第二天早上，碰巧赶上厨师也为她准备了肉末烧饼，她想到这是吉祥如意的象征。今天，各位吃的就是那种肉末烧饼，愿大家今后事事如意、步步吉祥……"中国姑娘的这一段话顿时引来了一阵阵掌声。华盛顿市市长很高兴地敬了这位服务员一杯酒，说："下次来北京，希望再来你们这里！"

这就是口才的魅力。短短的几句话，就能引起顾客的购买兴趣，感染会场的氛围。如果这两位女性在与人交流、当众讲话时顾虑重重、扭扭捏捏，表现得不够泰然自若，想必都无法达到这样的效果。

有些女性会说，看到别人口吐莲花、左右逢源的时候，自己也会忍不住羡慕，也渴望能在不同的人面前游刃有余地说出自己的观点，赢得别人的赏识，可又不知该如何去克服羞怯的心理障碍。

美国前总统罗斯福曾经说过："每一个新手，常常都有一种心慌病。心慌病不是胆小，而是一种过度的精神刺激。"你首先要知道，害怕当众说话不是个别现象，那些能在舞台上侃侃而谈的大师们，有很多人也曾为开口说话发过愁，甚至就连他们在台上的时刻，也没有完全克服登台的恐惧。古罗马的演说家希斯洛，第一次演讲就脸色灰白、四肢颤抖；雄辩家查理士初次登台时，两个膝盖抖得不停地相碰；印度前总理甘地，首次演讲时不敢看听众，而是面孔朝天。

当你知道，不好意思当众讲话是多数人都存在的一种心理时，你会感到放松一些。接下来，你要做的就是努力去克服这个障碍。法国的福煦大将曾经说过："战争中最好的防守就是进攻。"当你对羞怯采取了一种攻势，那么克服它就不是一件困难的事了。至于具体该怎么做，这里有几条建议。

多肯定自己

口才好的女性，通常都是自信十足的。平日里要学会善于发现自己的能力，多肯定自己，少为自己的羞怯找借口。当你不断给予自己积极的暗示时，你会发现自己其实挺优秀的。人与人之间是平等的，无论性别、年龄、身份、地位，只要把自己内心真实的意思清楚地表达出来就好了，不需要有太多的顾虑。

当众讲话的时候，为了培养自信与勇气，不妨表现得满怀信心，充满勇气。当然，前提是你得做好充分的准备，否则再怎么表演也没有用。如果已经对自己所要讲的内容胸有成竹，那就轻松地大步走出，再做一次深呼吸。面对听众之前，深呼吸30秒，增加大脑的氧气供应可以提神，为自己增加勇气。

别怕他人议论

被人议论是一件再正常不过的事，不必过分担忧。每个人都有过在众人面前发表意见的经验，也可能都怯过场，但若随时都因为担心说错话而过分地压抑自己，不敢跟他人交谈，不仅无法享受到交谈的乐趣，还可能会埋没自己的潜能。

忘掉恐惧感

想从紧张胆怯中走出来，就得先忘记恐惧，勇敢地面对问题。当你必须开口说话的时候，把所有的注意力放在你要说的话上，而不是他人的看法、他人的目光上，更不要在心里强调“我紧张、我害怕”“万一说错了怎么办”，当你一心一意只专注于自己要说的内容时，恐惧就会被抛至脑后。

理性面对失败

人非圣贤，孰能无过？犯错和失误是再正常不过的事，一次失败不代表什么，也不能说明你不够优秀。只要找出失败的根源，避免再犯同样的错误就行了，无须耿耿于怀。

说了这么多的技巧，最后要提醒大家的是，想让自己流利地表达意见，顺畅地与人沟通，最重要的是让自己习惯开口！在任何场合都要积极地把握与人交流的机会，学习说话的技巧，增加自信。最简单的办法，就是先从与身边熟悉或不太熟悉的同事、客户打招呼入手，说得多了，你就会发现，自己越来越习惯与人讲话，不再畏惧了。

巧妙的寒暄如春风送暖

在日常交际中，想让谈话融洽地进行下去，需要营造良好的氛围。无论是在街头偶然相遇搭讪，还是有事相约深谈，懂得巧妙寒暄的女人，往往三两句话一出口，就能让对方感觉如沐春风，瞬间拉近彼此的关系。

那么，何谓寒暄呢？汉语词典里的解释是，见面时谈天气冷暖之类的应酬话。

简单地说，就是嘘寒问暖，目的在于联络感情。与生人会面，能给交往活动建立一个良好的开端；跟熟悉之人相处，能够维持和增进感情。在整个交谈的过程中，寒暄就是一个“导语”，有抛砖引玉的作用，也是必不可少的环节。

陆小姐是一家经销公司的销售主管，她很少在客户面前大谈特谈公司的产品，可她那份亲切诚恳的气质和绝佳的口才，却赢得了不少客户的信任。提起约见客户，公司一位新进的女下属心理压力很大，总是跟陆小姐诉苦，说见面时不知道该跟客户说什么，如果像平常一样打个招呼说声“您好”，会显得特别的死板；要是贸然带着礼物上门，目的性又太强。

见这位女下属做事勤快，人也好学，陆小姐决定好好培养她，若有出差事宜，就找她陪同。有一次，公司遇到一件棘手的事情，客户对提供的方案不太满意，电话沟通的意思是不太想合作了。为了说服对方，挽回合作的机会，陆小姐决定亲自拜访对方。作为业务代表，随同的女下属心里一直忐忑不安，她想着：见了客户之后说什么呢？是否应该向对方道歉，说方案做得确实不好？如果他们咄咄逼人，该怎么办？

抵达客户所在的城市后，接待她们的是对方公司的副总。见到客户，陆小姐说的第一句话是："某总，我真得谢谢您，在我生日的这一天，让我又回到了自己的家乡。"那位副总是本市人，听到陆小姐这么一说，顿时觉得亲近了许多。

两个人一边走，一边聊那座城市这些年的变化，甚至还攀谈起了当年读书的学校，随行的女业务员听得入木三分。最后，还是那位副总主动说起合作的事。在此之前，他们两个人已经聊得很投机，气氛非常融洽，合作的事只谈了十几分钟，就顺利达成了一致。

出差回去的途中，女下属跟陆小姐说，以前只觉得她为人亲和，现在才知道，业务方面也那么出色。特别是面对陌生的客户时，一番寒暄就拉近了两人的距离，真不简单。听着下属的恭维，陆小姐会心一笑，故作严肃地说："我可不是为了让你夸我，才带来你的啊！就是想让你知道，谈话是需要氛围的，在正式交谈之前，先说上几句寒暄和问候语，这样能让不相识的相互认识，让不熟悉的人相互熟悉，让沉闷尴尬的氛围变得活跃起来。"

不可否认，谈话是需要轻松愉悦的氛围。这样的氛围有时会在不经意间产生，比如两个人很有默契，相谈甚欢，但有时也需要刻意营造。无论是哪一种，都必须力求自然，就像陆小姐感谢对方有机会让自己回到出生地，看似无意间脱口而出，实际上她肯定早就了解对方的一些情况。越是表现得自然、真切，越是能给人出其不意的感觉，无形中缩短心理上的距离。最糟糕的寒暄，莫过于为了寒暄而寒暄，或是开口就说了令人尴尬的话题。

赵女士提起自己遇见的一件事，非常生气。

她曾经注册了一家服装店，后来转让给朋友，到税务局去办理注销手续。税务局有个会议室，专供办事的人休息使用。排队的人很多，她只好坐在那里等。

不多时，邻座的女士开始跟赵女士打招呼，问她："您也是来办事吗？办理什么业务？"

赵女士如实告知，说自己是来办税务注销的。没想到，邻座的女士却说："注销啊？来办这项业务的人不多，多数人都是来申请税务登记，要么就是来买发票。这儿就跟结婚登记处一样，办结婚的人多，办离婚的人少……"

对方本是一句无心的话，赵女士却听得一脸尴尬。她之所以注销服装店，就是因为刚刚办理了离婚手续，这家店是她跟前夫共同经营的。邻座的女士看到赵女士沉下脸来，大概也意识到自己说错话了，脸上露出一丝歉意，可又不知该怎么开口。

看出邻座的女士是无心的，赵女士只好假装翻看资料，不再看对方。后来，邻座的女士以去卫生间为由，暂时离开了座位。

看，本来是好心想寒暄一下，没想到却得罪了人，弄得自己也很尴尬。这就是，只知其然，不知其所以然。寒暄不是与人见面时随意说上两句话，找个"话茬"就行，具体该说什么、怎么说、在什么样的场合下说，都是有技巧的。

寒暄要选对时机

不是什么时候都适合寒暄，倘若对方正在忙，此时再怎么悦耳的寒暄都会变成打扰。比如，在电梯间里遇见了朋友，照理说应该寒暄一番，可对方正在跟其他人交谈，或是正在打电话、发消息，那就不要去打扰他，用目光交会，微笑示意就足够了。

寒暄要选对话题

寒暄的目的，是为了给人带来亲切、温暖的感觉，带有问候性，所以在选择话题时，最好选择那种既能让对方乐于交谈，又比较容易回答的问题。比如，老人家身体可好？孩子学习还可以吧？最近工作忙吗？等等。一定要避免那种三言两语解释不清楚的话题。

寒暄要灵活变通

寒暄要根据对象的亲疏远近，变化寒暄的语言；依据时间的早晚，变化寒暄的用词；同时还要根据自己的情况，决定寒暄语往返的次数。简单的一声问候，三言两句的寒暄，能够让对方感觉到自己的友善，就已经很好了，不一定非要长篇大论。另外，多留意对方的表情，看看他是不是感兴趣，如果他有其他事，或者明显不认可你说的，就不要再说了。

巧妙的寒暄，就像是一颗润喉糖，带给人舒爽的感觉。会寒暄的女人，总能让人体会到她那颗善解人意的心，在不经意的瞬间，留下一个美好的形象。既然如此，何不把这颗润喉糖随时带在身边呢？

客套话里藏着个人修养

如果你足够细心，定能从生活中发现一个规律：那些人缘比较好，走到哪儿都受欢迎的人，特别会说“客套话”。别小看客套，它其实是语言艺术的一种，包含着客气、谦卑、热情，也显示着对人的尊重。

但凡有教养的家庭，大人在教育孩子的时候都会嘱咐一句“见了人要打招呼”，借用别人的东西要说“谢谢”，不小心碰了人家要说“对不起”。实际上，这些最基本的礼貌用语都可以归为客套话，它体现的是一个人良好的修养。

然而，有些女性本身素养不错，也很善解人意，可就是输在了不会说话上，尤其是不会说客套话，遇见事情的时候总是不知该说什么，或是不好意思开口，结果，明明是一片真心，到最后却不被人懂，甚至被误解成冷漠。

长期从事技术员工作的赵女士，平日里都在实验室里忙碌，加之性格内向，很少会在人前说一些暖人心的话，即便是在亲近的人面前也是如此。有一次，她去看望刚刚做了手术的好友，见对方躺在病床上虚弱的样子，她没有说一句话，只是握着对方的手。之所以没开口，是因为当时顾虑太多：说客套话吧，自己不太会，也表达不了心情；不说话吧，又有点尴尬。所幸来的时候带了一束花、一些礼物，不至于显得那么别扭。坐了一会儿之后，她就离开了医院，心里却很别扭。

朋友也知道赵女士性格一向如此，也没责备。毕竟，这样的沉默比虚情假意的关心要诚实许多。可话说回来，平日里接触的不一定都是懂得赵女士的人，不懂得表达自己的心意，甚至连一句普通的客套话都说不出口，终究还是让人觉得有点儿“不会办事”，至少没有达到理想中的安慰病人的效用。

人在生病的时候，情绪往往不稳定，焦虑、沮丧、悲观时常来叨扰内心，惹人胡思乱想。况且，医院的环境比较封闭，四周全是单调的白色，时而还可能听到邻床病友们的一些“坏消息”，令人惴惴不安。为了缓解病人的情绪压力，让病人放下心理包袱，在探望病人时说两句充满真情和祝愿的客套话，是必不可少的。

在大学任教的孙教授，体检时查出患有乳腺癌，近期在医院做了手术。术后的几天，不少亲戚朋友都来看望她。同事L刚一进病房就先笑，坐到床边握着孙教授的手说：“我听说你得了点小病，这几天学校的事情特别多，拖到现在才来看你。”

听对方说自己得的是“小病”，孙教授刚刚还阴郁的脸，顿时露出了一丝喜悦。L连忙又说：“我看你的气色还不错。像咱们这个年纪的女人，得这病的人还真是不少，去年我们家邻居也是这样，做了手术之后，回去养了一个月就好了，一点儿事都没有。”孙教授本来心里对自己的病还有点担心，听L这样一说，心里舒服多了。

L看到孙教授床头放着一本书，随手翻了翻，感叹道：“我真羡慕你呀，还能在这里看看书。有时候，我都想到医院里来‘躲’上几天，抽空读读书、看看电影，现在每天家里家外忙得我呀，一点儿闲工夫都没有。”孙教授的女儿在一旁听着，不由得笑了，心想：这个L真是会说话，难怪母亲平日里老念叨跟她聊得来！

临别时，L告诉孙教授一件事：“顺便告诉你一下，我爱人他们单位发了两张话剧的票，恰好是一个月之后的，到时候咱们一起去看！你好好养着，我过些天到家里去看你。”L走了，可她说的这些话却像阳光一样，让孙教授心里暖暖的。

客套不是虚伪，是礼貌和尊重。无论生活还是工作，都需要语言作为纽带，会说客套话的女人，处理人际关系总能游刃有余，让人喜欢听、愿意听，提出的意见或建议也更容易为人所接受。不会说客套话的人办起事来就略显尴尬了，可能会造成不必要的误解，出现人际关系障碍，时间一长，就会给人留下不好接触、不会处世的印象。

想把客套话说好，一定要讲究方式方法，特别要注意“过犹不及”。在这里，我们谈几个要点，并总结一些常用的客套语。

秉承自然、真诚的原则

客套话说起来要给人言必由衷的感觉，字字句句透出真诚，而不能让人觉得是虚情假意的恭维。有时，客套除了用语言以外，还可以借助眼神、手势，总之要透出礼节和真意。

日本松下电器公司的CEO松下幸之助，就是一个很会运用客套的人。他在交托下属去做一件事的时候，总忘不了要说一句“这件事拜托你了”；遇到员工时，也会鞠躬说“辛苦了”之类的客套话；有时还会亲自给员工倒一杯茶、送一件小礼物。因而，员工们对他也是非常尊重，乐意为之效劳。

常用的客套话

初次见面说“久仰”，好久不见说“久违”。

请人评论说“指教”，求人原谅说“包涵”。

求人帮忙说“劳驾”，求给方便说“借光”。

麻烦别人说“打扰”，向人祝贺说“恭喜”。

请人改稿说“斧正”，请人指点用“赐教”。

求人解答用“请问”，赞人见解用“高见”。

看望别人用“拜托”，求人办事用“拜托”。

宾客来到用“光临”，送客出门称“慢走”。

招待远客用“洗尘”，陪伴朋友用“奉陪”。

请人勿送用“留步”，欢迎购买叫“光顾”。

与客作别用“再见”，归还物品叫“奉还”。

概括起来，想让别人怎么对你，你就要怎么对别人。客套看似平常，却可以把人际关系引入一个良好的互动中，像柔风一样暖人心窝。

见什么人，说什么话

说话是一门很讲究的学问，同样一个话题，同样一件事，跟不同的人说，效果是不一样的。就好比一个酷爱文学的青年，遇见知己的时候，共同探讨诗词歌赋，绝对是人生一大趣事；可若见了谁都聊上一段文学典故，肯定就行不通了，有人会觉得你不接地气，也有人会觉得很无聊，不知所云。

现实中不少人都在重复这样的错误，就是在说话之前没有认清楚对象，没能根据不同的人选择不同的说话内容和方式，导致交际陷入僵局，若是触碰到了别人的禁忌，还可能惹怒对方，弄得场面十分尴尬。

公司午休时间，办公室里的几个女同事一起闲聊起来。一位女同事说起要向主任申请调岗，因为她怀孕了。听闻这个消息，大伙儿更来了兴致，你一言我一语地说起了怀孕生育之事，又说起日后的家教问题。

C暂时未婚，但已经跟男友商量好将来要做“丁克”。听同事说起养育孩子的辛苦，她更是坚定了做“丁克”的决心，她说：“现在养个孩子太费钱了，物价那么高，教育费那么贵……要是听话还好，万一再不听话，天天气我，我还不得委屈死呀？我们这一代当房奴都快当不起了，到了下一代，生个女儿还好，可以嫁出去，若生了一个儿子，还得给他准备房子，未来的儿媳妇怎么样还不知道呢！我觉得，要个孩子真是负担……”

她说得振振有词，略带得意，还声称自己将来一定要“丁克”。这时，原本热闹的氛围突然冷却下来，周围的同事都不说话了，再看那位怀孕的同事，一脸阴沉。C这才意识到自己说错话了，只好尴尬地圆场说：“这只是我的个人意见，嘿！”然后，悻悻地转身去做事了。

良言一句三冬暖，恶语伤人六月寒。当着孕妇说养孩子没好处，提倡做“丁克”；对出远门的人谈交通事故；在寿宴上跟寿星谈人寿保险……这些都是在给人泼冷水，扫别人的兴。就算是关系再熟稔，听到这样的言谈，也会觉得是风凉话。

说话一定要看人，从对方的特点出发，说适合对方的话，才能创造出融洽、和谐的氛围。要做到这样游刃有余，还需要掌握几个要点。

初次见面少说多听

与陌生人见面，因为不太了解对方，先不要急着开口说话，要先听对方的话语。如果对方说话很直接，不会拐弯抹角，那多半是性情率直的人，跟这样的人交谈也要坦诚相待；如果对方彬彬有礼，温文尔雅，你也应当保持谦逊和气的态度；如果对方心情不好，不爱说话，你就该少说两句。

看对方的年龄说话

跟年轻的男士沟通，多聊聊现代流行的事物，或是工作和事业；跟女青年聊天，美容、衣物、化妆品等话题一定不会出错；跟中年女性聊天，多夸奖她的孩子；跟事业无为者说话，就说平淡的生活才是真；跟年纪大的人聊天，多说说本地市政的沿革、民情的变迁、风俗的演化等，或是跟他们聊聊子孙后代，都能打开他们的话匣子。

看对方的性别说话

同样的话，对男人和女人的作用是不一样的。说人胖时，男性会一笑了之，女性则可能把脸拉下来，自尊心受到伤害，这是性别带来的差异。所以，说话时要注意到这种差异，对不同性别的人说不同的话。

看对方的性格说话

有的人性格外向，透明度高，你不妨跟他开开玩笑、斗斗嘴；如果对方性格内向、敏感，你就可以讲一讲适合的笑话，让她开朗一些，最重要的是表现真诚，可以挖掘对方比较在意、隐藏在内心深处的话题，让对方感觉你是真正地关心她。

这就是语言的魅力，见什么人说什么话，认清对方的身份、地位、职业、性格差异，交流就会变得顺畅很多，也能加深彼此的好印象。

找到你们之间的共同话题

法国小说《刺猬的优雅》里有一段话：“我们都是孤独的刺猬，只有频率相同的人，才能看见彼此内心深处不为人知的优雅。这世上一定有一个能感受到自己的人，那人未必是恋人，可能是任何人，在偌大的世界中，我们会因为这份珍贵的懂得而不再孤独。”

在人际交往中，我们不可能时时处处都能遇见所谓的灵魂伴侣，但如果能巧妙地找到自己和对方的相似之处，比如两个人都感兴趣的话题，借此展开沟通交流，这样大家都有话说，势必能拉近彼此间的距离。

1984年5月，美国总统里根到中国访问，他先去了上海复旦大学。在一间大教室里，面对一百多位初次见面的复旦学生，里根总统抓住了他和复旦学生之间的一丝关联，展开了他的开场白。那么，里根总统是怎么说的呢?

“其实，我和贵校是有着密切关系的。你们的谢希德校长与我的夫人南希，当年可是美国史密斯学院的校友呢！既然她们是朋友，那么，我和各位自然也就都是朋友了！”此话一出，全场就响起了热烈的掌声。接下来的交谈进行得非常顺利，气氛也很融洽。

曾有人做过一个比喻：女人的社交圈以自己为圆点，以年龄、爱好、经历、知识等为半径，构成了无数个同心圆。与别人的共同点越多，交叉面积越大，越容易引起共鸣。为此，在与他人沟通交流时，找到合适的切入点至关重要。切入得好，一切都会水到渠成；切入得不好，就可能从此产生隔阂。

在谈话的过程中，我们可以通过下面的几种方式来找寻彼此间的共同点。

仔细揣摩对方的话

在广州的一家商场里，一位女孩跟售货员说：“请您把那个东西拿给我看看。”她把“我”字用苏北话说了出来，恰好她旁边也有一位苏北人，于是那个人也用苏北话向售货员咨询。两个人很默契地对视了一下，而后结了账，一起走出商场，热情地交流起来。两个人从家乡一起聊到广州，从眼下说到将来，就好像一对久违的老友。分手时，两个人留下了彼此的联络方式，成了真正的朋友。

在偶然事件中发现共性

人们通常习惯以打招呼作为开场白，其实通过这种简单的交流也可以获取对方的一些信息，比如兴趣爱好、生活习惯、饮食偏好等，从中都能够找寻到彼此的共同点，进而打开对方的话匣子。

抓住人的亲近心理

每个人的心里都有一块柔软而温暖的角落，那里住着自己最亲近的人。一旦他发现你也在关心他所关心的人，他就会对你产生一种亲近感。所以，女人在说话时，不妨利用一下人们的这种心理倾向，以对方最关心的人作为切入点，拉近彼此的关系。

一位女作者非常善于利用人们的亲近心，营造温馨的交际氛围。有一次，她到外地出差，对自己的新书进行推广宣传。当时，有一个穿戴整齐、看起来非常绅士的男人出来迎接她，表示问候。女作家连忙走上前去，与那位男士友好地握手，并十分热情地说道："您辛苦了！令尊还好吗？"那位男子顿时感动得说不出话来。之后，女作家的图书宣传签售会进展得非常顺利。事后，她身边的助理不解地问道："您认识他吗？"女作家一笑，说："我不认识。但我想，谁都有父亲吧！"

就是这样简单的一句问候，女作家迅速在陌生男子心中建立起了亲情意识，让他觉得女作家是个值得信赖、非常亲和的人，从心理上对她产生了认同感。生活中，女人如果遇到类似的情况，也不妨试试这个办法，先聊聊一些题外话，淡化彼此的生疏感，再逐渐地引入正题，效果远比直接谈论工作要好得多。

生活像是万花筒，遇到的人就像零零碎碎、形状颜色不一的碎片，都有自己的棱角、自己的个性。没关系，这并不影响日常交际，只要女人学会找出人的共性，将感动送至个人心底最柔软的角落，那么不管对方是谁，都会与你产生亲近感。

真诚的态度比什么都重要

听一个人说话，听的绝不仅仅是声音，还有声音背后的情感和态度。就如曾经打败过拿破仑的库图佐夫，在给叶卡捷琳娜公主的信中写的那样："您问我靠什么魅力凝聚着社交界如云的朋友，我的回答是真实、真情和真诚。"

与人沟通交流，真诚是必不可少的，它能换来心灵的相通，消除人为的隔膜，且能让女人散发出真实、亲和的魅力。无论昨天发生了什么，有多么辛苦，第二天清晨能够笑着对周围的人真诚地说一句"早上好"的女人，永远都是富有感染力的，那一句"早上好"不单单是问候，还是一种友好、信任和尊重。

有些女人口若莲花，话说得非常漂亮，可交谈过后总让人感觉有些浮夸，好像一切都是刻意而为之，就是因为缺乏真诚。你能欺骗别人的耳朵，却欺骗不了别人的心。虚情假意、矫揉造作固然也能取悦于人一时，但伪装的东西经不起时间的检验，一旦被人察觉，那博得的欢心便会在顷刻间消失。

柳娜是一个直爽的人，做家居业务十几年，为了争业绩总是在强颜欢笑，她厌倦了那种靠吹嘘商品招揽顾客的套路，总觉得活得不自由、不坦荡，违背了自己的真性情。为了摆脱这种压力，她在某天上班时突然做了一个决定，哪怕是丢了工作，也要改变一下做事的风格，看看坦白地讲真话到底能怎样。

带着这样的念头去做事，她觉得心里松快多了。那天，一位顾客想要买可以自由折叠、调节高度的桌子。看着顾客满心期待的样子，她如实相告："其实，这种桌子并不是很好，我们经常接受退货。"顾客一惊，似乎没想到销售员会说出这样的话，反问道："是吗？可是现在挺流行这种桌子的，我也是觉得比较实用。"

柳娜继续解释："看上去是挺好的，但我们长期卖这个东西，知道它做不到灵活地升降自如。很多人都是看中了它的款式，忽略了结构，我要是跟您隐瞒它的缺点，那就是欺骗了。"顾客不理解，结构有什么问题呢？柳娜走近桌子，说："桌子的结构太复杂了，过于精巧，但实在不够简便。"说完，柳娜用脚去蹬脚板。原本，这应该像踩离合踏板一样轻轻地踩，她却一脚狠狠地踏了上去，桌面突然往上撑起，差点儿碰到那位顾客的脸。顾客吓了一跳，柳娜连忙道歉，随后顾客又笑了起来，脸上露出了喜悦之情，说："我再看看。"

柳娜笑着说："没问题，买东西就是得挑好了，不能马虎。我们这桌子用的木料，品质不是上等的，贴面胶合也一般。您看看其他款，或是到别家转转也行。"顾客听完解说，开心极了，出乎意料地表示他想买这张桌子，且马上就要取货。

不远处的经理听到了她和顾客的谈话，一脸不悦。顾客刚走，经理就训斥了她一番，告诉她明天不用来了。她正准备收拾东西的时候，突然来了几个人，都要看她家店里的多用桌，一下就买走了几十张，说是刚刚那位客人介绍来的。就这样，店里成交了一大笔生意。

经理得知情况后，收回了辞退柳娜的决定，反倒是换了种态度去看这件事，跟柳娜说："做生意这些年，多数人都觉得就得自夸才能卖得好，包括我自己。可是今天，你真给我上了一课，让我见识到了，什么叫‘得人心’。”

从某种意义上说，是柳娜的真诚和坦白成就了她的业绩，也许有些话说得“不符合行规”，可字字句句都透着为顾客着想的好意，她的实在赢得了顾客的信赖。事实上，顾客心里何尝不知道，什么东西都有利和弊，业务员越是强调它的好，越是觉得里面有陷阱；如果坦白地说出它的问题所在，倒也让人觉得实在，东西有点儿小毛病也可以接受。

心理学家认为，人与人之间存在“互酬互动效应”，即你真诚对别人，别人也以同样的方式给予回报。当一个女人能够用得体的语言表达她的真诚，就很容易赢得对方的信任，与对方建立起信赖关系。因为，她能了解对方的内心需求，能设身处地为对方着想。

说话的魅力，不在于说得多流畅、多好听，而在于传递出真诚的情感，只有用自己的心弦去弹拨他人之心弦，用自己的灵魂去感染他人的灵魂，才能赢得人心。那么，如何才能做到真诚待人呢？

试着去喜欢他人

喜欢他人是一种积极交往的心态，要做到喜欢他人，并不是嘴上说说就行了，而是要付诸行动。喜欢的前提是发自内心地接受对方，允许对方和自己不同，接纳对方的习惯，包括缺点，如此才能给予对方尊重，并让人感受到你的真诚，逐渐地信任你。

主动关心他人

想要真诚待人，就要先学会关心他人。如果一个女人心里只有自己，那么她一定是自私的，在人际交往中也不会太受欢迎。你要学会将注意力从自己的身上转移到他人身上，当你时刻不忘关心他人，那么对方自然可以从这份关心中体会到你那份真挚的感情。

真诚地与人相处

在与人相处时，别太在意细枝末节，事事都在言语上争执，宽容一些，大度一些。当你能够用一份宽广的胸怀去接纳不同的人、不同的事时，你收获的必然是他人的好感与信任。哪怕有一天你犯了错，但只要是心怀真诚的，也很容易得到他人的谅解。

真诚不是智慧，却散发着智慧般的光芒。许多凭智慧得不到的东西，靠真诚却可以得到。因为，在生活的舞台上，靠演技是无法成功的，得靠真诚才能打动每一位观众的心。唯有发自内心的言语才有感染力，哪怕只是简单的一句话，蕴含了真挚的感情，也能引发强烈的共鸣。拿出你最真挚的情感吧！如此，无论置身于什么样的场合，和什么样的人在一起，你都会是一个散发着魅力的人。

慧心女人，分清场合说对话

人类语言交流的实践证明，在同一个社会环境中表达同一个思想内容，不同场合要求采取与各自相适应的语言形式，否则就达不到说话的目的。这句话的意思就是说，到什么山上唱什么歌，有些话必须在特定的场合说，换一个地方就不是那个味道了。

很多人平时大大咧咧，说话做事不太注意方式，到了正式的、严肃的场合依然如此，就给人留下了轻浮、不识大体的印象；也有些人总是钻研一些专业性的东西，到了轻松愉快的场合，还在讲那些枯燥无味、别人一知半解的学问，也会给人留下呆板的印象。这就是典型的不懂根据场合选择适当的话题，无法融入当时所处的环境。

一位湘籍歌手应邀到长沙做嘉宾，主持一个义演节目。她手持话筒，激动地说道："那次，在中央电视台举行青年歌手大奖赛，我给'娘家屋'的参赛选手打了最高分，下次'娘家屋'的伢子到北京参赛，我还要给他们打最高分。"

这些话如果是在私下场合里，对"娘家屋"的人说说，也是人之常情，可是在义演的场合下，说的又是严肃庄重的大奖赛评选打分的问题，就显得不合时宜了。谁都知道，比赛的原则是公平，如此偏重于情感而疏于理智的话，会让人感到不舒服，也与主持人的身份不符。人们不禁会猜测：作为评委，难道都是这样为选手打分的吗？

再说一件类似的事例。某法院开庭审理一起盗窃案，被告对于作案的时间交代不清，为了核实，审判长决定传被告的妻子到法庭作证。由于太着急了，审判长脱口而出："把他老婆带上来。"一时间，法庭顿时哗然，严肃的气氛被冲淡了。当时，审判长应当运用法庭用语，宣布"传证人某某到庭"，结果，他用日常用语取代了法庭用语，显然与法庭这一场合严重不符，显得很不得体。

所以说，明晰自己的身份和所在的场合，有选择性地说话，才能让说出的话身价百倍，从而被人重视；如果不分场合说话，不仅让自己和他人遭遇尴尬，还可能被人轻看，使自己显得浅薄无知、不合群。想要受到欢迎，获得良好的人际关系，就必须针对所在的场合设计不同的话题和谈话方式，这样才能突出交际效果。

莫谈不适合大众的话题

说话要顾全大局，哪怕是闲聊聚会，也不能只考虑到一小部分的感受，而不顾及在场的其他人。比如，很多新妈妈喜欢谈论孩子的生活起居，包括生病、拉尿等话题，完全不顾及是否在餐桌上；还有些女性谈论身材、内衣、生理期保养等，兴致勃勃，忽略了身边还有未婚者。

根据场合变化称谓和态度

英国女王维多利亚和丈夫阿尔伯特是一对伉俪夫妻，感情很好。妻子是一国之君，每天忙于公务应酬，而丈夫却对政治不太关心。有一天，女王忙完公事已是深夜，回家后见卧室房门紧闭，就敲起门来。

“谁？”“我是女王。”门没开，她继续敲。

“谁？”“维多利亚。”门还是没有开，她继续敲。

“谁？”“你的妻子。”门开了，维多利亚走了进去。

这就是一个典型的例子。在公共场合里，她是女王，而回到家里，她就是一位妻子。说话要分清楚在什么场合，适当地变换自己的称谓和态度。如果维多利亚在家里还是摆出女王的姿态，势必会让丈夫感觉彼此之间不平等，影响感情。

学会入乡随俗

一个会说话的人，往往知道如何根据环境调整自己，正所谓“入乡随俗”。

1955年，亚非国家万隆会议上，有些国家对新中国不太了解，就把中国当成了威胁和敌人，处处咒骂。面对这样的情况，周总理很痛心，在会议上第二次发言时，他开口就说："我不是来吵架的，我是为了大家求同而来的。"他的态度诚恳而谦逊，当场就打动了很多人，此事在外交界也传为佳话。

说话的动作不过是轻启朱唇，但要把话说好，在任何场合都让人听着舒服，着实需要在平日里多下点功夫，学习一些技巧。总而言之，在非正式的场合进行私人交谈，尽量轻松随意一点儿，言辞不必过于考究，只要不说让别人尴尬的话即可；若在正式的、公开的场合，就要严肃认真一些，尽量选准词语，把握分寸，切忌信口开河。再者，需要注意的就是，人的心理会随着环境的变化而变化，当别人发生变化时，你说话的方式也要随之改变，避免触人之忌，惹出不必要的麻烦。

多谈谈对方感兴趣的话题

有一次，美国思想家爱默生和儿子想把牛牵回牛棚，两个人一前一后使尽了全身力气，也没把牛牵进去。家中的女佣人见他们满头大汗，徒劳无功，就走过去帮忙。她从牛棚里拿了一把稻草，一路喂着牛，顺利地就把牛引进了栏里，剩下爱默生父子在那里目瞪口呆。

想把牛牵回去，不能只靠用蛮力，而是要用牛喜欢的方式，给它一把咀嚼的零食，自然就能引诱它进栏。把这种方式用在生活里，也是一样的道理。每个人都是独立的个体，都有自己的个性与需求。倘若自己的个性得不到尊重，内心真正的需求得不到满足，就会产生一种厌烦感。

有这样一则寓言故事：大门上挂着一把坚实的大锁，一根铁杆费了半天的力气也没把锁撬开。这时，钥匙来了，铁杆对它不屑一顾，看不起它那瘦小的样子，心想："我都撬不开，更别说你了！"

钥匙很淡定，瘦小的身子往锁孔里一钻，轻轻一转身，大锁啪的一声就开了。旁边的铁杆很生气，怨声载道："我费了那么大力气都打不开，怎么你轻而易举就把它打开了呢？"

钥匙笑着说："因为我最了解它的心。"

生活中，每个人的心上都有一把锁，如果不了解锁眼的构造，任凭你费多少口舌、花费多少力气，也难以打开对方的心。唯有读懂了对方，把自己的言行化身成一把精确的钥匙，无须费力，三言两语，甚至轻轻的一个动作，就能够让对方为你敞开心门。

一位富商曾经极度好利，若有人向他建议致富的方法，他一定全盘接受。然而，到了晚年的时候，他的好利竟然变成了好名。只是，这种悄然无声的心理转变鲜有人知。此时，一位做理财顾问的女士设法与富商见面，想向他推荐一款理财产品。谁知，富商听了之后，毫无兴趣，淡淡地说："我现在不想再发财了，我在谋求散财之道。"女士一听，大感意外，只好悻悻地离开了。

不清楚对方心里在想什么，究竟需要的是什么，就贸然前往，让对方接受自己所说的东西，显然不可能有好的结果。有句话叫作“同声相应，同气相求”，意思是说：同样的声音能引起共鸣，同样的气味会相互融合。想把话说进人的心坎里，就得学会揣摩别人的心思，投其所好而避其所忌。当你说的话跟对方心里想的不谋而合，他自然愿意跟你继续聊下去。

美国前总统罗斯福就是一个深谙人心的智者。在跟对方交谈的前一天晚上，他总会仔细翻阅对方感兴趣的材料，这样一来，在第二天正式交谈时，他就可以轻松地找准话题，与对方产生心灵上的共鸣。哥马利尔·布雷弗曾经在一篇文章中这样形容罗斯福：“无论对方是一名牛仔或骑兵，还是纽约政客或外交官，罗斯福都知道该对他说什么话。”

对于女人来说，要想生活和事业都顺心如意，也要学会处理复杂的人际关系。唯有赢得人心，才能得到支持与肯定，远离人际关系的隐患，少给自己招惹麻烦。要赢得人心，首先就得学会读懂人心，知道对方想要什么，按照他喜欢的方式去沟通、去相处。

某日，一位著名的表演艺术家到上海参加一场演出。演出结束后，不少媒体都争相上前采访，结果却被婉言谢绝了。眼见无望，多数记者也灰心了，准备打道回府。这时，一位女记者敲响了艺术家的房门，正当艺术家要开口拒绝时，女记者说了这样一番话：“老师，我非常喜欢您的表演，也知道您现在很忙、很累，但我想就您演出时的一些细节性的问题提出一些不太成熟的个人看法，因为时间太紧张了，我只好冒昧地在这里跟您提了……”

作为知名的艺术家，他听到的夸赞声太多了，对于提建议这样的声音却很少听到。女记者的话让艺术家感受到了她的心意，他便热情地接待了她。结果很显然，女记者拿到了独家资料，这一切全在于她读懂了艺术家的心理需求。

学会尊重对方的个性，满足他人的心理需求，这样的女人，才是真正会说话、会聊天的女人。不过，把握住对方的心理，不是朝夕就能学会的事，这需要女人在平日的工作和生活中，用心观察周围的人和事，发现他们的喜好偏向，经常聊的话题，从而得知对方感兴趣的话题。除此之外，还要察觉出对方平日对什么事情表现得比较冷淡，或者反感，那往往就是他心里不可碰触的地方，对于这些事，以后聊天时切忌谈起，以免让彼此陷入难堪的境地。

口无遮拦不是真性情，而是没教养

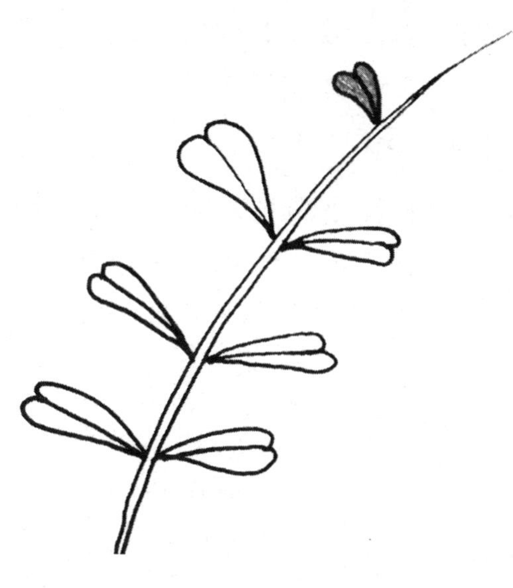

玩笑过了头，就变成了过分

说话做事过于严肃谨慎的女人总会给人一种距离感，似乎难以靠近，就像是一只周身长满刺的刺猬，让人觉得紧张、尴尬。其实，做事的时候是需要严谨的，但能在严肃之余用玩笑活跃一下气氛，在调剂苦闷枯燥的同时，也能为自己的个人魅力加分。

不过，开玩笑是讲究技巧的，不是跟周围的人熟悉，说话就可以不分轻重；也不是任何玩笑都能达到调节氛围的效果。有些不合时宜的玩笑，一旦说出口，非但不能起到愉悦的作用，还会引起周围人的不满，损害自己的形象和人际关系。

佳佳是一个大大咧咧的女孩，平时爱说爱笑的，办公室里的人都说她是“开心果”。同部门的W性格稍腼腆，开会发言的时候常常脸红结巴。她和佳佳的私交不错，也经常说很喜欢佳佳的性格，希望能像她那样开朗一些。

爱开玩笑的佳佳把W当成了自己的好友，觉得两个人关系熟稔，开个玩笑应该没什么。有一次，她当着大家的面模仿W结巴时候说的话，同事们被逗得前仰后合，虽然W当时没有露出不悦的表情，可那次以后，佳佳发现W开始有意疏远她，就算在工作上也尽量避免跟她讲话。她当面问W是不是心情不好，W没有回答。后来，佳佳从其他同事那里得知，W是因为上次她取笑自己结巴，觉得在同事面前很伤自尊，心里结了一个疙瘩。

朋友之间关系亲密，往往说话就肆无忌惮，殊不知，越是亲密的人，说话做事越需要照顾对方的感受。毕竟，人对自己的弱点都很在意，而亲密的人往往是了解自己软肋的人，拿对方最不愿意示人的部分去开玩笑，无异于在向他的软肋插刀，自然会让对方感觉很受伤。

倘若是一个性格比较敏感的人，做事又极端，一句玩笑话就可能触碰到她的底线。也许，你只是无心之言，却会让他联想到很多，认为你在取笑和侮辱他，轻则绝交失去友谊，重则给自己带来更大的麻烦。

电影《十五贯》里就有这样一处情节：尤葫芦喜欢开玩笑，他的养女苏戌娟却是一个爱钻牛角尖的人。有一回，尤葫芦对养女说："我已经把你卖了。"苏戌娟就认为是真的，竟然在夜里偷偷逃走了。由于逃得匆忙，没有关门，刚巧娄阿鼠来行窃，杀死了尤葫芦。苏戌娟被怀疑谋财害命，被捕入狱。

其实，尤葫芦的玩笑话也没有太尖锐，但他忽略了养女的性格特点，以至于他认为无所谓的一句话，到了养女那里就成了无法承受的事，结果酿成了悲剧。所以说，开玩笑是一件有趣的事，但绝不是一件随意的事，若因为一句话而导致关系紧张，后悔就晚了。

在人际交往当中，只有得体的玩笑才可以松弛神经，活跃气氛；玩笑开得不好，则适得其反，伤害感情。因此，开玩笑要掌握好分寸和尺度，抓住一些要点。

内容要高雅

开玩笑的实质，是用有趣的语言有技巧地进行思想和感情交流的艺术，玩笑的内容完全取决于说话者的思想情趣和文化修养。一个有修养的女性，所说的玩笑话在内容上必须是健康的，格调也应当高雅，这样才能给对方带来精神上的启迪和享受，从而凸显自己的美好形象。如果总说一些污言秽语，不仅会使语言环境充满污浊的气味，对于听者也是一种侮辱，至少是一种不尊重，同时也说明自己情趣低俗。

钢琴家波奇在一次演奏时，发现全场有一半的位置都空着。他对听众说："朋友们，我发现这个城市的人都很富有，我看到你们每个人都买了两三个座位的票。"音乐厅里的所有听众们都笑了，大家在欣赏波奇的才华时，也感受到了他的幽默。

态度要友善

开玩笑的目的是活跃气氛、交流感情，这才是积极的、有益的玩笑。如果借助玩笑来对别人冷嘲热讽，发泄内心的不满和负面情绪，甚至拿取笑他人寻开心，就会引起他人的反感。或许，有些人不善言辞，让你在话语上占据了上风，但周围的人不会认为你的口才多好，相反会觉得你不尊重别人，心胸狭隘，由此对你敬而远之。

行为要适度

开玩笑不只是借助语言，有时还可以通过动作来逗笑对方，这种情况在关系熟稔的人身上经常会出现。但需要注意的是，玩笑就是玩笑，动作切不可太过分，我们经常看到一些人初衷是为了开玩笑，结果却惹恼了对方，原因就是有些动作和行为让人感到不适。

对象要区别

人的性格、身份、地位不同，对于玩笑的承受力也不一样。同样的玩笑，你跟甲说没事，跟乙说却会弄得很尴尬。所以，在开玩笑时，要区分对象。

通常来说，后辈不宜同前辈开玩笑，下级不宜同上级开玩笑，女性不宜同男性开玩笑。在同辈人之间开玩笑，则要掌握对方的性格特征与情绪信息。如果对方性格外向，能宽容忍耐，玩笑稍微大些也无妨；对方性格内向，敏感多疑，开玩笑就应慎重。

场合要分清

在前文说话看场合的小节中，我们细谈过这个问题，这里再重申一下。开玩笑要分清场合，在严肃静谧的场合，言谈要庄重，不能开玩笑；在喜庆的场合，所开的玩笑要能增添喜悦的氛围，而不能使人扫兴。

忌讳要躲开

和长辈、晚辈开玩笑忌轻佻放肆，特别忌谈男女之事；和非血缘关系的异性单独相处时忌开玩笑，以免引起非议；不要拿残疾人的身体缺陷开玩笑；朋友陪客时，不要跟朋友开玩笑，避免扫对方面子。

玩笑可以让生活变得多彩，但前提是掌握好开玩笑的“度”。

凡事适可而止，过犹不及，只有适当得体，才能实现预期的效果。

话别说得太满，留点儿余地

月满则亏，水满则溢，说话也是一样的道理。如果总把话说得太绝，就会不自觉地陷入尴尬中，到时候就算想找补，都没有退路了。

小赵在一家公司做文员，某天早上因琐碎小事跟同事发生了口角，情绪失控的她大声地对同事说：“以后咱们之间老死不相往来。”说这话时，她只图嘴上痛快，发泄情绪，根本没太在意，事后也只是各做各的事，想着井水不犯河水。

没想到，三个月后，在年底评级的时候，那位同事竟然成了她的上司。虽然那位同事没太介意，可每次在汇报工作的时候，小赵还是觉得特别尴尬，又不知道该怎么做才能冰释前嫌，这让她很是煎熬，工作也频频出错。

显然，这就是把话说得太绝导致的结果。要知道，事物都是变化的，你不知道什么时候会有意外出现，说话留点儿余地，为的就是给意外一点空间。这就犹如我们走在某个通道里，一直往前走，把后面的路都堵死，等走到头了，发现是一个死胡同，到这个时候再想回头，已经无路可走，只能空留懊悔。

如果你够细心的话，就会发现这样一个情况：那些说话谨慎的女性，会发现她们在面对别人的询问时，总是习惯用“可能”“尽量”“或许”“考虑”等字眼，为的就是留出一点儿空间容纳意外，不至于把自己逼到死角。

一位推销袜子的女业务员为了证明自己所卖的袜子质量好，便在街头给大家做演示。她随手拿起一只袜子，并找到一位围观者，说：“来，帮帮忙，拿住袜子的一端，使劲儿拉。”说完，她就跟围观者对拉起来，众人都看见了，袜子的韧性确实不错。然后，她又拿起一根针，在绷直的袜子上来回滑动，袜子竟也没有破，她说：“看，怎么划都行，不抽丝。”接着，她又拿起打火机，快速地在袜子下面晃动，火苗穿过袜子，袜子也没有被烧毁。

她边做边说，这一幕，让在场的很多人都惊讶了。顾客们相互传看着袜子，有位顾客为了验证一下袜子的质量，也拿起针，没想到刚一划袜子就破了。原来，顺着袜子的纹理划才不容易划破，并不是怎么划都可以。另一位顾客要拿打火机烧，女业务员见此，连忙阻止，说：“袜子并不是烧不着，我只是证明它的透气性好。”其实，袜子的质量是不错，可她刚刚的一番言辞，还是让顾客觉得充满了夸张和欺骗。

几天后，同样是在这条街上，另一个女孩也在销售这款袜子。底下有人问，这袜子结实吗？她回答得很巧妙：“袜子不可能穿不破，就是钢还有磨损的时候呢！您说是不是？我只能说，这款袜子相比其他的袜子来说，韧性大，不容易抽丝。”说完，她也和前一位女业务员一样，用针在袜子上划，用打火机在袜子底下晃动，只是做这一切的时候，她都配合着解释：“这样烧，可不是告诉大家这袜子烧不坏，而是让您看看它的透气性。”

听她这么一说，原本有些爱挑刺的顾客竟也挑不出什么毛病了。大家相互传看，买袜子的人也越来越多，一是觉得这袜子质量不错，二是觉得这卖袜子的姑娘也挺实在。

说话做事一定要讲究余地，不为难他人，也给自己留后路。话说得太满，就像杯子倒满了水，再倒就会溢出来。毕竟，很多事情是无法预料到的，多给自己留点空间，将来出现意外的时候就能从容转身。

要做到话不说太满，该注意哪些方面呢？

不要出口恶言

与人发生矛盾分歧在所难免，只是在遇到这类事情时，切忌说出“势不两立”“老死不相往来”这类的话。无论谁对谁错，都不能出口恶言，以便将来有需要时还能携手合作，不至于太伤面子。

勿太早评断人

对人不要过早地下论断，说“他一辈子没出息”等话，人生很长，变化很多，要用发展的眼光看人。况且，说这样的话也很容易得罪人，给人造成消极的心理暗示。

学会外交辞令

名人在面对记者的询问时，很偏爱这些字眼：可能、大概、也许……之所以这样说，就是留点儿空间，担心话说死了，最后事与愿违，让自己难堪。所以，平日里我们也要学一些外交辞令，对于别人的请托可以答应接受，但最好不要“保证”，应代以“我尽量，我试试看”，万一自己做不到，也不至于让别人觉得你不守信用；如果你能出色地完成任务，他们往往喜出望外，增进彼此的关系。

弓箭拉得太满容易断，水装得太满容易溢，气球打得太满容易爆，话说得太绝容易尴尬。所以，说话做事一定要学会留白，恰如其分，才能进退得宜，收放自如。

伤人面子的话，千万不要出口

有些女性天生开朗，心直口快，有着一副真性情，跟她们相处用不着处处小心翼翼，相对来说比较轻松。可这类人往往也有一个致命的弱点，就是说话太过直接，就算产生了矛盾，也总以“我说话不会拐弯”作为理由给自己开脱。

心直没什么错，口快却未必值得称道。毕竟，恶语伤人六月寒。说话要分情况，该直说的时候不必扭捏，该委婉的时候也得讲究方式，若是不管不顾，想说什么就说什么，往往伤了人面子和尊严还不自知，就会给工作和生活带来很大的麻烦。

有一位年轻的女律师，心性高傲，在辩论时总喜欢以咄咄逼人的姿态展示自己的伶俐口齿。有一次，她参与了一个重要案件的辩论。辩论中，最高法院的法官说了一句：“海事法追诉期限是六年，对吗？”话刚说完，她就直率地指出：“不，法官，海事法没有追诉期限。”

此话一出，法庭内立刻鸦雀无声，似乎连温度都降到了冰点。

年轻的女律师没说错，海事法的确没有追诉期限，可她在大庭广众之下指出了法官的错误，着实让对方下不来台。只见法官脸色铁青，闭口不言。这位声望卓著、学识丰富的法官显然被伤了自尊和面子。看到这样的情景，女律师也意识到自己犯了一个不该犯的错，可话已经说了，覆水难收。

尽管法律不偏向任何人，公正严明，但有些话完全可以换一种方式说出来，暗暗提醒，或是旁敲侧击，都比直截了当地毁掉对方的形象、伤害对方留面子要好得多。倘若她能委婉一点，顾及法官的面子，也许事后对方还会对她心存感激，欣赏她做人做事的态度。

爱默生曾说："缘于自己的优越，我们经常无情地伤害别人的面子，刺痛别人的自尊心，抹杀别人的感情，又自以为是。扪心自问：这种心理是多么浅薄，心胸是多么狭隘！"

相比之下，另一位女士的做法就显得智慧多了。她是一位文化界的女学者，每年都要受邀参加某专业团体的杂志年终评鉴工作。这份工作的报酬并不高，却是一项很难得的荣誉，很多人想尽办法都找不到门路参加。也有人参加过一两次，后来却再没有机会与之结缘。有人很好奇，问这位女学者为何每年都能享受此殊荣。

女学者一直笑而不语，直至临近退休，不再参加此项工作后，才公开其中的秘诀。她说，自己的专业眼光并不是重点，职位也不是重点，之所以年年都能受到邀请，是因为她懂得给人留面子。在公开评审会议上，她始终秉持一个原则：多称赞，多鼓励，少批评。然而，在会议结束后，她会去找杂志的编辑人员，私下告诉他们编辑上存在的问题，承办该项业务的人员和各杂志的编辑人员对她都充满了敬畏和好感，自然每年都会找她做评审。

俗话说得好："给他人一分脸面，他人必给你两分脸面；伤他人一分脸面，他人必伤你十分脸面。"没有人不爱面子，也没有人不寻求被尊重的感觉，人们判断他人对自己好不好的底线，是别人对自己是否尊重，是否照顾自己的心理感受。无论私底下是什么样的人，但在公共场合，人人都是很在意自身形象和尊严的。所以，在待人处事时，一定要注意照顾别人的面子，掌握一些说话的技巧和原则。

不要碰触对方的短板

想跟周围的人友好相处，就要多夸赞别人的优点，尽量回避对方的短板。没有人愿意提自己的缺点和错误，当有人拿这些事情来做文章时，无异于在自己的伤口上撒盐，都会觉得难以忍受。比如，当着胖姑娘一定不要嘲笑对方的体重，不然肯定会得罪人，给自己找麻烦。

指出缺点要讲方式

某军区艺术团配合拍摄电影，因故少带了一样装备，导致拍摄无法进行。女团长很生气，当着全团的面批评了副团长，指责她办事毛毛躁躁，不够细心。副团长原本心里也很难受，见团长当着众人的面批评自己，觉得大失面子，就辩驳说："我没带是有原因的，你也不能不经过调查就乱批评。"团长一下子懵了，没想到平日里柔声细语的副团长竟然会这样顶撞她。事后，两人沟通时，副团长说："你当着那么多人的面批评我，我今后还怎么做工作？"

这件事给女团长留下了深刻的印象，她也意识到了自己的问题：批评别人要分场合，顾及对方的身份、地位，给人留面子。

给人找个台阶下

生活中，我们都会遇到那些为谎言和错误寻找借口的人。面对他人的谎言，直接拆穿并不是最好的办法；用含蓄委婉的语言，在不伤害对方自尊的情况下，又让对方听出弦外之音，给他一个台阶，让他体面地收起自己的谎言，和和气气地解决问题，更显风度和智慧。

人活脸，树活皮，每个人都有爱面子的特点。足够聪明的女人，应该知道什么时候该静静地、面带微笑地听别人说，什么时候该给别人找个合适的台阶下，什么时候该见好就收，不让对方为难，也不让自己显得太过苛刻。照顾了别人的面子，同时也显示了自己的修养。

话不可乱说，三思而后言

沙皇尼古拉一世登基后，国内爆发了一场由自由分子领导的叛乱，他们要求俄国现代化，希望俄国的工业和国内建设能赶上欧洲的其他国家。尼古拉一世残忍地平定了这场叛乱，同时判处其中的一名领袖李列耶夫死刑。

行刑的那天，李列耶夫站在绞刑台上。绞刑开始了，他在一阵挣扎后，绳索突然断裂了，李列耶夫猛地落在地上。当时，遇到这样的事情往往都会被视为上天的眷顾，犯人也会得到赦免。李列耶夫站起身后，确信自己还活着，就开始走向人群呐喊："你们看，俄国的工业就是如此差劲，他们根本做不好任何事，就连制造绳索都不会！"

一名信使立刻前往宫殿，把绞刑失败的消息告诉了尼古拉一世。对于这突然发生的情况，尼古拉一世有些懊恼，可他还是决定提笔签署赦免令。在提笔之前，他询问信使："李列耶夫有没有说什么？"信使如实地重复了李列耶夫的话。不料，尼古拉一世却说："那就让我们来证明事实跟他说的恰恰相反吧！"尼古拉一世撕掉了赦免令。

第二天，李列耶夫再次被送上绞刑台，这一次绳索没有断。

什么叫作"祸从口出"？想必，李列耶夫就是再好不过的例子了。说话之前不思考，就很有可能说错话，而话一旦说出去，就没有办法再收回，造成的失误也就很难避免。这也是为什么我们总强调人要学会控制情绪、控制语言，目的就是为了避免说出不当的话，给自己招惹麻烦。

《孔子家语》中记载过一件事：孔子到周朝观礼，进了后稷的庙时，看到三尊金铸人像，几次闭口不说话，而是在金人像的背后题字："这是古时说话小心的人，要以他为戒啊！不要多说话，多说话就会有更多过失；不要多找事，多找事就多祸害。不要说什么危害，那是很大的灾祸。"

言多必失，说得一点都没错。有时，说的话多了，会不小心触碰到别人的底线；更糟糕的是，一不小心说多了，还会被人利用，后悔都来不及。

穆小姐是一家外贸公司的业务主管。在一次同行交流会上，她认识了另一家公司的业务秦女士。两个人聊得很投缘，谈的话题也越来越宽泛，大有相见恨晚之意。穆小姐把秦女士当成了自己的知己，离开交流会之后，她们还相约去了商场。逛得累了，秦女士又爽快地请穆小姐喝了一杯咖啡。之后，她们又见过几次面，俨然成了好友。

两个月后，穆小姐打算将公司新的业务计划投入实际运作，不料却被客户告知，已经有其他公司在做了，他们与对方签了合同。这个计划只有老板和业务主管穆小姐知道，公司里其他同事全然不知，谁泄露的呢？

穆小姐这才想起，是自己在跟秦女士喝咖啡时，不小心提到过公司的计划。她怎么也没想到，笑起来亲和温婉的秦女士会在背后利用自己。当然，她更自责的是，实在不应该轻信别人，什么话都说，要是当初嘴巴严实点儿，少说两句，也就不会这么麻烦了。现在，她要付出的代价是罚俸降职，永不重用。这些委屈，又该向谁说去呢？

说者无心，听者有意。很多时候，你可能只想表达一种情绪，或是说说自己的想法，但很有可能这些话就成了你的把柄。因此，说话之前一定得多想想，什么话说出来合适，什么话说出来不合适，自己在心里掂量掂量，千万不要为了图一时之快，口无遮拦，因为一时大意而毁了自己。

那么，作为女性，如何在生活中减少或避免祸从口出的情况呢？

开口之前想几秒

在你准备开口之前，先把这些话在脑子里过一遍，看看这些话说出来，别人会有什么样的反应和感受，而你想表达怎样的情感，达到什么样的效果。如果你说的话会让别人觉得不舒服，那么最好不要说；如果你的话说出来达不到预期的效果，也没有说的必要。

话说得婉转一点

有些话如果必须和某些人讲，那么尽量把它说得婉转一点、含蓄一点，不要过于直接，让别人觉得难以接受。如果话说得太直了，会伤到对方的自尊，激起他的反抗情绪，反而会南辕北辙，甚至惹来灾祸。

避免交浅言深

逢人只说三分话，未可全抛一片心。此话听起来不那么温暖顺耳，却是不得不重视的事实。这“三分话”指的是，风花雪月、柴米油盐、天上地下、山海奇观都是无关紧要的事，说得兴味淋漓，皆大欢喜，就已经很好了，完全可以避免“交浅言深”的麻烦。有些重要的话，特别是关于隐私、商业机密的事情，一定要把好口风。别忘了，祸从口出，往往就是说话之前没在脑子里多绕几个弯子，才不小心说漏了嘴。

人际关系往往不是单一的，给自己留余地，话不露尽，于人于己都有好处，这才是正确的交友之道，也是每一个游刃于生活的女人必修的功课。

拿捏好分寸，点到为止

世界上最美丽的是语言，最伤人的也是语言。在与人相处时，一定要掌握好说话的分寸，不能信口开河，想说什么就说什么，不在意对方的感受和需求。恶语出口，既挫伤了他人的自尊，也毁了自己的修养，未免得不偿失。更何况，就算你是一腔热情，若在言语上不修边幅，对方也不会领你的情，说你的好。

张然和子悦在同一座小县城长大，性格和思想却截然不同。张然向往外面的世界，总觉得老在小地方待着有些憋屈，就萌生了到大城市闯一闯的念头。她把自己的心事告诉子悦，就像儿时分享秘密一样，希望得到她的支持。

没想到，子悦一听，居然这样说："在小县城还没什么成就呢，去了大城市更难！城市里人那么多，比你学历高的、比你有能力的人多了，你怎么能保证出去了就有好的发展？你看看咱们周围出去打工的那些人，有几个飞黄腾达了？有多大的本事干多大的事，你还是好好想想吧！到时候，后悔都来不及。"张然听了以后，嘴上什么也没说，心里却结了疙瘩。她把子悦当成最信任、最贴心的朋友，可对方说出的话，字字句句都带着刺，让她难受。

每个人都有自己的思想和见解，有自己看问题的独特角度。作为朋友，在这个时候就算不说点鼓励的话，也不该泼冷水，打击别人的积极性。说话不是一个小问题，稍有闪失就可能招惹麻烦，影响交往。在面对各色各样的人时，说话一定要有分寸，切不可太直接，有些事即便心里清楚，也要点到为止。要知道，受人喜欢和惹人厌恶的区别，很多时候就在言语的分寸之间。

陈娜在一家大酒店里做大堂经理已经有五年的时间了，她很喜欢这份工作，也付出了很多的心血。五年的工作经历让她明白，从事服务行业不仅要为客户提供周到的服务，还得学会察言观色，时刻维护酒店的利益。

那天，她无意间看到一位外宾在用餐过后，顺手把精美的景泰蓝食筷悄悄放进了自己西装内衣的口袋里。这时，如果陈娜视而不见，势必会让酒店蒙受损失，可若直接指出来，肯定会让客人觉得很难堪，怎么办呢？

思前想后，陈娜想到了一个办法。她走到前台，拿了一个装有一双景泰蓝食筷的绸面小匣子，不露声色地迎上去，对外宾说："您好，先生，您在用餐的时候，表现出了对我国景泰蓝食筷的爱意，非常感谢您对这种工艺品的赏识。"

外宾假装听不懂，笑着说："是啊，景泰蓝食筷真是太精致了。"

陈娜继续微笑着说："非常感谢您对这种工艺品的欣赏，为了表达我们的感激之情，经过餐厅主管批准，我们将这双图案最为精美，且经过严格消毒处理的景泰蓝食筷给您拿来，并按照酒店的'优惠价格'，记在您的账簿上，您看好吗？"

外宾不好意思继续装下去了，只好解释说："太谢谢你了，刚刚我喝了两杯白兰地，脑袋有些晕。"陈娜点点头，应和着说："白兰地的酒劲确实很大，很多客人喝了都会头晕。"

陈娜的迎合让外宾的借口听起来合情合理，他感激地点点头，知趣地说："既然这种食筷不消毒就不能使用，我就以旧换新吧！"说完，就掏出了内衣里的食筷，恭敬地放回餐桌上，接过陈娜给他的小匣，不失风度地向付账处走去。

陈娜在处理外宾私拿景泰蓝食筷的问题上，只是点到为止，巧妙地为客户留住了面子，也对客人所说的借口表示了认可，避免了矛盾激化。总结整件事的处理经过，陈娜最可圈可点的地方就是谨慎出言，拿捏好了说话的分寸，既表达了自己的意思，也照顾了对方的情感和尊严，非常妥帖。

女人要做到谨慎出言，拿捏好说话的分寸，就得特别注意以下几点。

三思后言，委婉表达

说话是一道很考验智慧和修养的选择题，同一个问题、同一句话，用什么样的方式表达出来，既能让对方明白你的意思，又不至于伤害对方的情感，是女人在人际交往时必须思考的问题。最好的办法是，说话之前多想想，说的时候委婉一点，把自己的意愿说成希望，让别人觉得顺从是帮助你，而不是受你指挥。

巧妙利用暗示

当对方有问题的时候，他不会不知道你在说什么，只不过是碍于面子不愿承认而已。有些话直接说出来一定会引发矛盾争执，倒不如用暗示的方法，维护对方的尊严，也表达了自己的想法。

给对方找借口

当对方犯了错误时，最需要的就是一个合乎情理的理由。当对方正为找不到理由而尴尬的时候，你可以为他找一个借口，保全他的面子。就像陈娜指出外宾拿景泰蓝食筷的问题时，说他是想收藏，缓解了尴尬。

女性善解人意的特质是最打动人的，说话也是考验智慧和内在的一种方式，当你在说话时能够时刻考虑别人的感受、别人的处境，自然就懂得如何用善良、友好的方式去指出一些问题，实现一举两得的效用。

不要轻易打断别人的话

你有没有过这样的体验？正在兴致勃勃地分享自己的所见所闻，或是愁眉不展地倾诉自己的遭遇，听的人突然间打断了你的话，说“这个我听过”，或者干脆跳转到另外一个话题，好像对你所说的话置若罔闻，或者根本就没有听进去。那一刻，你是否会感到很扫兴、很失落，甚至再不想开口了？

己所不欲，勿施于人。当别人正在说一件事的时候，随便插嘴或打断是非常不礼貌的行为，也是对他人的不尊重。或许，这种行为是无心的，可对于说话者而言，着实是一种伤害，也会让对方感到很尴尬。

艾萨克·马科森大概是世界上采访过著名人物最多的人。他说，许多人没能给人留下好印象，是由于他们不善于注意听对方讲话。“他们如此津津有味地讲着，完全不听别人对他们讲些什么……许多知名人士对我讲，他们推崇注意听的人，而不推崇只管说的人。然而，看来人们听的能力弱于其他能力。”

张先生家在郊区新盖了一栋两层的楼房。那天，他正在家里收拾院落时，来了一位女业务员，她所在的公司是专门安装阳光板的。刚与张先生见面，她就递上了名片，张先生见过这家公司的门面，只是没有业务往来。

与张先生见面后，女业务员就开始推销产品。听完介绍后，张先生说：“虽然我们以前没见过，可通过刚刚的交流，我觉得你们公司的专业技术员对于阳光板的安装挺有经验的，我也相信你们能做好。不过，前两天我的朋友给我推荐了一位做阳光板的朋友，也是附近的，我已经答应了，毕竟……”

张先生的话还没有说完，女业务员就插话问：“您说的是××公司吗？他们最近是给几位客户家装了阳光板，可说实话，我们公司的实力在当地应该是数一数二的，设备也比他们好，肯定不会让您失望的。”

听女业务员这样说，张先生解释说：“不错，你们公司实力是挺强的，但别人介绍的那位朋友手艺也很好，且是熟人介绍的，出于朋友之间的交情，我还是想交给他来做。”

听罢，女业务员悻悻地离开了。之后，张先生跟家人说：“这女孩子长得挺机灵的，就是不太礼貌。她没听明白我的意思，就把我的话打断了。我知道他们公司做得确实不错，但价格很高。我只是想杀杀她的价格，没想到她竟然插进一堆话，贬低竞争对手。我不太欣赏这样的人，所以宁愿找其他人来做……”

就女业务员来说，她在跟客户说话时犯了大忌，没有让对方心平气和地把话说完，就随意打断对方的话。其实，就算客户的话说得不符合实际，也该耐心听完，至少可以表现出对客户想法的尊重和理解。要知道，没有一个客户愿意跟自作聪明的业务员打交道，如果你不能表现出对他所说的话感兴趣，那你永远也不可能赢得他的信任。

培根说过："打断别人，乱插话的人，甚至比发言冗长者更令人讨厌。"一个有教养的女人，随时都会提醒自己，不要轻易打断别人的话。哪怕对方所说的事情自己真的不太感兴趣，或者有不同的意见，也要先耐心听别人讲完，礼貌地回应后，再转换话题。如此，既表现出自己的修养，也会让对方觉得你很重视他。

每个人都有情不自禁表达自己的时候，如果不了解别人的感受，不分场合与时机，随随便便就抢别人的话头，往往会引起对方的不悦，甚至产生不必要的误会。比如，在商务宴会上，你的一位朋友在跟另外的人相谈甚欢，你不知道他们谈论的话题是什么，此刻若贸然加入，就会让他们感到不自然，可能他们的话题会无法继续。更糟糕的是，假如他们正在谈一项重要的合作，由于你介入让他们无法集中精力而失去了这笔交易，那他们一定会觉得是你搅乱了合作的氛围，对你就会有很大的意见。

当然了，事情也有例外。倘若对方与你说话的时间过长，且话题不再吸引你，或是你有重要的问题要沟通，不得不中断对方的话，那就要掌握一点儿技巧了。你得考虑好在什么时候中断比较合适，且照顾对方的感受，避免给人留下不愉快的印象。

先给一些暗示再开口

假如你急着要找的人正在与别人交谈，而你必须马上将问题告诉他，此时不妨先给他一些小小的暗示，通常情况下，他会趁机和你说话。但要注意的是，千万别悄无声息地站在对方身边，好像偷听一样，这是很不礼貌的。你可以先向他们打个招呼："不好意思，打断你们一下。"当他们停止交谈时，用尽量简洁精确的语言说明来意，一旦事情处理完毕，立刻离开。

征求对方同意再交谈

如果你对他人交谈的话题很感兴趣，不妨找个合适的空当，礼貌地说："对不起，我可以加入你们的谈话吗？"或者大大方方地打招呼，让你的朋友互相介绍一下，避免有生疏的感觉。

倾听完毕再发表不同意见

如果你不同意对方的说法，先别急着打断对方，如果彼此比较熟悉，或是问题特别重要，可以先表示一下态度，等对方说完后再做详细的阐述。但要记住，无论分歧多大，都不要恶语伤人，或是出言不逊。

想要打开对方心扉，建立起亲密的关系，问题不在于说话的方式与内容，而在于能容纳对方的态度。所以说，胜负并不表现在说话的内容与技巧上，而在于我们能否容纳对方，让对方尽情地说话，以收"不战而能屈人"之效。只有你去尊重别人，才会受到别人的尊重，而尊重对方最起码的要求就是，不要随便打断对方的话。

远离是非，学会保守秘密

古时候，一个国家派使臣到中国，向当时的皇帝进贡了三个一模一样的小金人，还给皇帝出了一道难题：三个小金人中，哪个最有价值？皇帝找来珠宝匠，对三个小金人进行了检查，发现它们的重量、样式、做工完全一样，没什么区别。可是，如果不能回答出使臣的问题，又显得泱泱大国缺少有才能之人。

这时，一个聪明的大臣说，他想到了一个办法。只见这位大臣胸有成竹地拿出了三根稻草，把其中一根插入第一个小金人的耳朵里，稻草马上从另一只耳朵里钻了出来；他又把另一根稻草插入第二个小金人的耳朵，稻草从小金人的嘴巴里钻了出来；最后，他把第三根稻草插到最后一个小金人的耳朵里，结果稻草掉进了小金人的肚子里。

大臣告诉皇帝："第三个小金人最有价值。"

皇帝和外国使臣就问："为什么这样说呢？"

大臣回答："如果一个人不能耐心听别人讲话，左耳朵进右耳朵出，或者这边听了别人的话，那边就传出去了，这样的人就不是一个有价值的人。"

懂得保守秘密，是做人的一种修养。英国曾做过一项有趣的研究：以3000名不同年龄的女性为对象，测试她们保守秘密的情况，结果发现，每10个女人里就有4个人承认，不管消息多么私密，她们都难以做到守口如瓶。此外，研究还发现，女人平均每周会听到3条小道消息，有60%会传给一个毫不相干的人。为此，他们得出结论：女人一听到闲话，就会难以克制“与他人分享秘密”的强烈欲望，可谓是不吐不快。

女人口最疏的时候，往往是她刚刚陷入一段恋情的时候。这种喜悦，她会忍不住向闺中密友分享，如若不说出来，快乐就会溜走似的。日后她与恋人的发展，闺蜜自然也会知道得很详细。因为容易向别人透露心事，这似乎也从侧面说明了女人难以保守秘密的原因。

阿莉说，她心里总觉得，自己知道的秘密越多，就证明人缘越好。所以，有段时间，她常常会说这样一句话：“我跟你说一件事情，你别告诉别人。”不管是当面还是在网上，看着对方迫切想知道的样子，她的虚荣心就会得到极大的满足。

读大学的时候，室友们都是十八九岁的女孩，凑在一起自然会说点小秘密，尽管话题很单一，无非就是“我的初恋是什么时候”“我喜欢上了某某系的帅哥”等，可在说完之后，还是会再三嘱咐“千万不要告诉别人”。

可是，阿莉天生就是难以替人保守秘密的人。如果对方就像平时聊天那样，随便说说那些事，她反而不会往想心里去。一旦对方把事情上升到“秘密”的层次，她就总忍不住想说一说，一来证明自己知道得多，二来似乎可以拉近与听者的距离。当然，阿莉还是有原则的，那些挑拨离间的话，或涉及利益的，她是绝对不会说的。

那个时候，她不知道泄露了多少秘密。所幸的是，她总是向同一个人吐露，在她看来，对方是最能守住秘密的人。她当时就想，如果这件事传出去，那肯定是对方说出去的，毕竟我只把秘密告诉了她。

时过境迁，阿莉工作之后，不再像读书时那么单纯，心智上也成熟了许多。别人对她说点什么，她虽然不太习惯压在心里，可再也不会想着去泄露。她以为，从此就会天下太平，至少曾经泄露秘密的事不会有人知道。

一次偶然的机会，她在网上和大学时的一位室友聊天，对方突然说道："今天，××突然跟我说起了大学时的事，她怎么会知道我曾经暗恋过谁？他们现在在一起了，弄得我挺尴尬的。"言谈之间，对方似乎在指责阿莉，因为她只将秘密告诉过阿莉。

阿莉一时间不知道怎么回答，都是成年人，这时对人撒谎似乎有点矫情。她只好说："我不是故意的……"闺蜜敲回一句话："唉，早该想到的，不过没关系，都过去那么久了。"阿莉听了之后，心里一阵别扭，不知对方是在安慰自己，还是让她去自责。

不管怎么样，有了这次教训，她彻底明白了一件事：千万不要随便泄露别人的秘密，哪怕是最信任的人。弄不好，秘密传来传去，就传到当事人的耳朵里。到了那个时候，真是百口莫辩，只能承认自己是个藏不住话的人。

这样的事，大概每个女人在成长的历程中都曾遇到过。幸好，那只是属于女孩子懵懂时的一点点小心事，即便周围的朋友知道了，也只是觉得有些不好意思而已，不至于造成什么太大的影响。但有句话不是说嘛，勿以恶小而为之，如果小事都难以做到保密，那么日后在工作上、管理上的大事，谁又敢托付与你呢？

一个值得信任、能博得众人好感的女人，当是心正口严。有些事情，只能“耳人”，却不可“口出”，关于他人的事，说得越少越好，因为你不知道什么时候说到兴头上，就把别人那些不愿意公开的事吐露出来了。要成为一个有修养的女人，就要少点评头论足，少说是非之事，每句话出口之前要多思考，这才是智慧的处世之道。

那么，如何做到守口如瓶，不泄露他人的秘密呢？

分清哪些事情可以说，哪些不可以说

心正口严并非闷头不语，什么话都不说，而是要清楚哪些话可以说，哪些话不能说。所谓的秘密，往往都涉及他人的隐私、财产等敏感问题，这些事当然不可以乱说。要把秘密告诉什么人、告诉多少，心里也要有清晰的底线，比如，你可以对自己的好友说“我有个同事在闹离婚”，两个人之间没有交集，你也没有点名道姓说是谁，这就谈不上泄密。

找个合适的途径倾诉

替别人保守秘密，其实是一件很辛苦的事，努力压抑自己不说出秘密，有时会导致一种反弹效应，对秘密的顾虑会淹没自己的正常意识。如果心里有这样的压力，最好选择以无害的方式宣泄出来，比如写到纸上，再把纸张销毁；或者对着很小的孩子、宠物等说出来，既能宣泄，又不用担心泄露，以缓解内心的压抑感。

在意识中模糊和淡忘

很多时候，越想忘记一件事，它反而越清晰。所以，当一个秘密住进你心里时，要学会在意识中模糊和淡忘。让自己的生活充实一点、忙碌一点，不要刻意去想，当你的注意力不放在它上面时，

时间长了，自然就模糊和淡忘了。

坦白相告不想听秘密

如果不想承担保守秘密的压抑，你也可以选择不听，这是你的权利。若有朋友神神秘秘地要告诉你一件事，不妨坦白相告：“你最好还是别告诉我啦，我害怕听秘密。”放开无谓的纠缠，彼此独立，彼此保护，也不失为一种恰当的相处方式。

关键时刻，可以保持沉默

在交际场合中，闷声不语、沉默寡言的女性会给人一种难以接近或是社交能力欠佳的感觉，可如果走了极端，总是絮絮叨叨说个不停，更是危险。正所谓，言多必失，你不知道哪一句不经意出口的话，就碰触了别人的禁忌，让人听着不舒服。

在关键的时刻，女性要学会多思考，千万不能抢着说话，在表达不同意见的时候，往往谁主动，谁就丧失了优势。在人生绝大部分的领域内，你说得越少，就越显得神秘。当你学会闭上嘴巴的时候，实际上更有机会掌控主动权。

赵先生是一家公司的业务经理，经常开车在外面来回跑，为了免除家人的后顾之忧，他给自己买了一份人身保险。结果，有一次在外出谈判的路上，他遇到了严重的车祸，命虽然保住了，可永远地失去了左腿。赵先生的不幸遭遇给全家带来了沉重的打击。

保险公司得知情况后，迅速调查取证，因为赵先生的巨额医疗费用需要保险公司来支付。很快，保险公司就派业务员来跟赵太太商谈赔付的问题。最初，赵先生在投保时，并没有具体说要怎么赔偿，只是约定如果发生了意外，依造成的伤害程度来定赔付金额。

在业务代表跟赵太太谈判的时候，赵太太没有任何表情，只是冷冷地坐在一边，什么都没说。业务代表说："赵太太，根据我们的调查，赵先生受了重伤，之前他买过我们公司的人身保险，我代表保险公司，来跟您谈谈具体的赔偿事宜。"赵太太表情冷漠，没有说话。

业务代表又说："根据赵先生的受伤程度，我们做了一个评估，公司一致决定赔付王先生10万元，您看如何？"赵太太转过头，看着窗外远处的建筑，依旧没有说话。

见赵太太没有表态，业务代表觉得她肯定是不满意公司开出的条件，就改口说："您若是不满意的话，我们再加10万，20万您觉得如何？"赵太太没有一点儿反应，依旧表情冰冷地望着窗外，沉默着。

业务代表有点儿着急了，继续加价，最后将赔付金额提高到了60万。这时，赵太太依然没有说话，只是拿起笔签了字。

其实，这件事情只是一个巧合，赵太太不是对保险公司最初的赔付不满，她只是过于悲痛，思想有些走神，不太愿意讲话。结果，这一沉默无意中让她站在了高姿态的位置上，导致业务代表为了让她满意一再加价。等对方谈到60万的时候，赵太太刚好缓过神来。

由此可见，在关键的时刻，女人要学会用沉默使自己处在高姿态的位置上，无论对方有什么样的表态，无论对方做了什么，你大可以用沉默来应对。很多时候，沉默比说话更有力，沉默能够显示一个女人的品格，让女人在人群中脱颖而出。

Amanda是个美丽而又优雅的女人，尽管她没有身着名贵的衣服，没有佩戴名贵的首饰，但是无论她走到哪里，都会成为人群中的焦点。

一天，Amanda受邀参加一场宴会。宴会上的人很多，她在一个较偏僻的位置上坐了下来。这时，衣着华丽的米娜和Susan走了过来，Amanda友好地冲她们微笑，可她心里并不愿意她们待在自己的身边，因为米娜和Tony喜欢显摆自己，更喜欢败坏他人。

米娜一如既往地显摆自己，她骄傲地对Amanda说："Amanda小姐，没有人请你去跳舞吗？我们两个被邀请跳了两支舞了，好累啊！"Amanda本想开口回应，可她又一想：让她说去吧！于是，Amanda什么也没说，只是淡淡地笑了一下。

Susan接过米娜的话，说："我觉得，你应该买件像样的晚礼服，你身上的这件衣服看上去有点旧，而且跟你的气质也不是很相符。在这种宴会上，穿得不漂亮怎么能吸引男士的目光呢？"Amanda继续沉默，只是微笑。

"哎哟，你的脖子上也是空空的，该佩戴一些像样的首饰才对。"米娜一边说，一边摸着自己脖子上那条珍珠项链。就这样，Amanda听着米娜和苏珊的话，默不作声，脸上却始终保持微笑。她觉得，她们两个只要说累了就会停下来。

就在这个时候，宴会上最优秀的男士朝她们走了过来，米娜和Susan激动不已，嘴里不停地念叨：“你看，他向这边走过来了……”可她们没想到，这位男士却把手伸向了Amanda：“美丽的女士，我能请你跳支舞吗？”Amanda微笑着把手伸向他，说道：“当然！”

Amanda回过头向米娜和Susan一笑，说：“不好意思，我先失陪了。”接着，她便和那位优秀的男士步入舞池，而站在他们身后的米娜和Susan却气得直跺脚。

沉默是一种无形的力量，它不是一味地不说话，而是一种成竹在胸、沉着冷静的姿态，它能够在神态和气势上压倒对方，逼迫对方沉不住气，甘拜下风。当你面对他人的不解或嘲笑，感到无力反驳，甚至恰当的语言已经无法发挥作用，而你又不能发脾气的时候，沉默就是最好的回击。只是，在运用沉默时，也要注意一些问题。

沉默时表情要到位

有些人嘴上没有说话，但表情和眼神已经暴露了心思。在沉默的时候，表情要严肃一些，当对方得不到任何回应，在你严肃的面孔下，往往会为你的高姿态折服。

沉默时心里得有数

沉默的时刻，也是双方在进行心理较量的时刻。嘴上虽然未说话，但心里得有想法和立场，不然的话，沉默就成了顺从和肯定。

沉默时掌握好尺度

沉默要有度，知道什么时候才可以说话，什么时候不能随便表态。如果表态早了，可能就陷入被动了；表态晚了，对方又可能恼了。作为女人，一定要细心感受，找到对方内心深处的底线，审时度势，在安静的、毫无言语的对峙中，让自己更有力量。

第四章

恰到好处的赞美，没有谁会拒绝

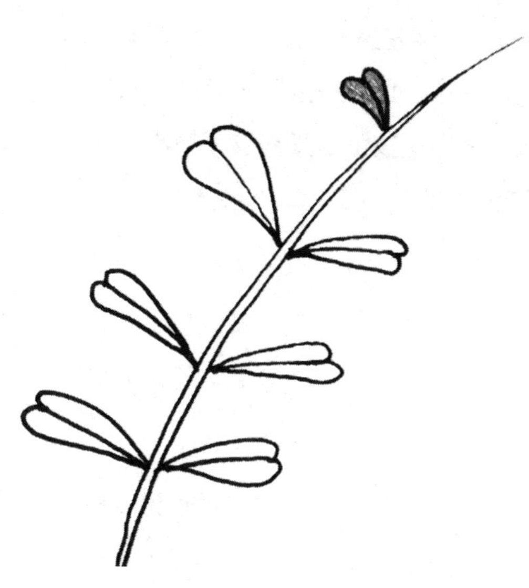

没有人不喜欢听赞美之言

有一位女画家，很希望自己的孩子有朝一日也能像自己一样，在绘画领域里创造出完美的作品。从孩子5岁时开始，女画家就教他学习绘画。也许是望子成龙心太切，女画家对儿子的要求十分严格，甚至有些苛刻，动辄批评指责，一会儿说画得不合格，一会儿又说颜色搭配得不和谐，弄得孩子无所适从。

转眼间，儿子10岁了，学绘画已经整整5年的时间。此时的女画家对儿子彻底失望了，虽然她这些年一直严格指导，可孩子画出的作品总是不尽如人意，她觉得，也许这孩子是真的没有绘画天赋，准备让他放弃，重新学一门谋生的技术。

就在她准备放弃的时候，一位外国朋友因参加画展来到中国，顺便看望女画家。这位外国朋友看了孩子的作品，又跟孩子进行了一番深入的交谈后，说这个孩子很有绘画天赋，只是教育的方法有点问题。

女画家听了外国朋友的话之后，表现得很惊讶：“你说我的教育方法有问题？我画了三十几年的画，也取得了一定的成就，难道连教育孩子绘画的能力都不具备吗？”她很难控制自己的情绪，质问起这位外国朋友。

外国朋友十分肯定地说：“不是你绘画技巧的问题，是你不懂赞美的魔力。”

这位外国朋友也是一位知名画家，带过不少学生，深知女画家教育上失误的真正原因。他向女画家提出了一个请求：试教孩子一年，看看究竟是教育方法的问题，还是孩子天赋的问题。女画家同意了。

一年后，看到孩子的作品，女画家简直不敢相信自己的眼睛。她发现，孩子的天赋甚至远远超过了自己。她问外国朋友，究竟是什么样的教育秘籍让孩子有了这样的进步？外国朋友笑笑说，孩子每画一幅画，我就对他说一句：“噢！这真是一幅伟大的作品，你简直就是一个绘画天才。”女画家明白了，过去那些年，自己给予孩子的都是技巧上的教导，从未在言语上给予他任何赞美。

其实，无论是孩子还是成人，都渴望受到周围人的赞美，希望自身的价值得到认可。卡耐基也曾说过：“当我们想改变别人时，为什么不用赞美来代替责备呢？”适当得体的赞美，可以给人以激励和自信，使人感到开心。

美国的一位心理学家做过一个实验：他在某中学的一个普通班级选了一名样貌平平、很不起眼的普通女孩，借助一个合适的机会，把全班除了那名女孩以外的所有同学都召集在一起，让全班同学在未来的三个月里，把那位未到场的女孩当成全班最漂亮、最优秀的女孩，经常给予她适度的赞美。

学生们听从了心理学家的安排，开始经常对这位女生的优点进行赞美，所有的学生都在这样做。一开始，这个女孩有点儿受宠若惊，可在接下来的赞美声中，她越来越注意自己的形象，气质越来越好，心情也越来越好，学习成绩直线上升。渐渐地，大家发现，她真的成了班里最漂亮、最优秀的女生。

这，就是赞美的力量。人的本性中都渴望得到赞美，也会在赞美中不自觉地按照他人的赞美标准去规范自己的行为，继而让自己变得越来越好。所以说，想与人建立良好的关系，赞美是必不可少的语言，它可以快速地打动人心，让被赞美者对你产生亲切感。

赞美是一件好事，但不是一件易事。如果不懂得审时度势，不掌握一定的技巧，即便是你真心的、下了功夫的，也收不到好的效果。所以，在运用赞美之前，还得做一些准备。

明白要赞美对方什么

在赞美别人之前，先得了解对方的成就，不能胡乱吹捧，否则，非但达不到恭维的效果，还可能触碰对方的“雷区”。另外，只了解对方的成就还不够，还得了解原因，只有把别人值得赞美的东西了解清楚了，说到点子上，才能让人感觉到你的真诚和细致。

了解对方的性格再开口

人与人的性格不同，在接受别人赞美时的反应也不同。有的人比较虚荣，喜欢听赞美的话；有的人相对内敛，喜欢含蓄一些的肯定。所以，对不同性格的人，在表达的时候也得用不同的说话方式，这样对方才会感到愉悦。若随便选择赞美之词，恭维的方式不适合对方，就可能让对方感到不舒服。

知道对方的忌讳

在赞美别人之前，要花点时间了解一下对方的忌讳，避免让自己的赞美触犯雷区。比如，对方和父母关系不好，就不要在恭维的时候说孝顺父母之类的话，这样的恭维就成了讽刺。

在生活中，只要你给予他人由衷的认可和毫不吝啬的赞美，对方一定会感怀在心，牢记着你的每一句话，甚至在你忘掉自己的赞美之后，他们仍将视同珍宝般反复地从记忆中取出，慢慢地品味。所以，在与人交往的时候，千万不要吝啬你的赞美。

你的夸赞一定要发自内心

赞美是沟通的桥梁，是人际关系的润滑剂，懂得在交往中给人以赞美的女性，给人留下的是有修养、有素质、善于社交的印象。不过，这绝非是随随便便说两句好听的话就能达到的境界，在运用赞美时有一个最重要的原则，那就是诚心诚意。

当你看到一位相貌平平的女士，却偏要对她说："你长得很好看。"对方立刻就会觉得，你是一个油嘴滑舌、略带虚伪的人，因为你说着违心的话。虽然每个人都渴望得到外界的认同与欣赏，但多数人都是有自知之明的，你的赞美如果严重脱离事实，反倒会惹人不悦。倘若换一种方式，你去赞赏一下她的服饰、谈吐、举止、修养，她往往会欣然接受。

拿破仑非常讨厌虚伪的人。有一次，在聚会中，来宾大都是一些谄媚逢迎的人，看到拿破仑就恭迎地走上前来，开口就说一些漂亮话："将军真是英勇非凡！""您对国家做出了伟大的贡献，如果没有您，我们如何能享受这样的盛宴呢！"

这些话让拿破仑听得很不舒服，却又无可奈何。就在这时，一位客人走过来敬酒，说道："将军您最讨厌逢迎巴结的话，今天这个聚会一定让您很难受吧？"拿破仑很惊讶，停顿了片刻就对这位客人微笑，然后摇摇头以示无奈。

乍一听，这位客户的人似乎是一句有共鸣的体恤话，但细细回味会发现，它也是一句赞美，只是比较含蓄，听起来也比较真诚。他道出了拿破仑的心声，同时也赞美了拿破仑是一个正直、不喜听奉承话的君子。这样的赞美听起来恰到好处，也符合事实，自然比那些刻意恭维的话更容易得到拿破仑的认可。

赞美，一定要掌握好尺度，深了就显得太过分，浅了又显得力度不够。这就像海水里的含氧量，缺氧会导致鱼类窒息，超过一定的比例又会让海藻疯长。聪明的女人在利用赞美这一利器之前，一定得弄清楚赞美和奉承有什么区别，避免把赞美变成逢迎。

真诚的赞美，一定是内心的认可

曾有人说过："奉承是从牙缝里挤出来的，而赞美是发自心灵的。"

真诚的赞美，源于内心深处对他人的认可，或者说在他人身上发现了符合自己理想和价值标准的地方。当你认识并与这个人接触时，会不由自主地想要去赞美他的这些优点。这种赞美是热忱的，出于真实的感觉，绝对不掺杂任何其他的用心。

奉承不同，它不是发自内心对他人的认可和尊重，而是基于内心的某种目的，试图用说漂亮话的方式来收获“回报”。奉承别人，嘴上的言语很动听，脸上的表情却不够随意自然，内心也是冰冷的。在赞美对方的时候，心里想到的是如何收获自我的满足，完成与自己利益相关的事。这种奉承，明显是一种趋炎附势的恭维。

真诚的赞美，是实事求是、有理有据的夸赞

一个真诚的女人在赞美他人时定会很有分寸。她知道世间没有完美的人和事，所以在评价他人时，绝不会用“最”这样的字眼，她的赞美让人听了会感觉到，她是真的看到了自己身上的某些优点，而不是刻意在恭维。

奉承往往有些夸张，把只能用一般词语赞美的事物任意地扩大，甚至把他人身上不起眼的一些东西变成优点。这样的赞美听起来就有些虚假了，表面上是想博取他人的欢心，实际上心里打着自己的小算盘。一次两次也许不会被识破，但日久见人心，待人发觉你的自以为聪明之后，心里定会更加不屑。

真诚的赞美，是加深彼此的情谊

赞美是一种说话艺术，运用得好，被赞美的人会感到心情愉悦，从而加深与说话者之间的情谊。奉承只是单纯地讨对方欢喜，使别人快乐也是为了达到自己的某些目的，处处计较个人得失，很难与人交付真心。

真诚的赞美，要有理有据

女人在赞美他人时，一定要把握好度，让你的赞美恰如其分、

充满真诚，而且还要适可而止。要知道，赞美不是不分场合地胡乱说一堆好话，而是要发现别人身上真实存在的一些值得夸奖之处，这样的赞美之声在别人听起来会比较真实、合乎实际。比如，同事穿了一件新衣服，在适当地夸奖之余，还可以跟她谈谈你近期光顾的一些精品店，作为分享；上司的孩子考上了大学，恭喜之余，也不妨顺势提一提不够优秀的熟人的孩子，让上司的孩子在对比中显得更加优秀。

仅仅会赞美是绝对不够的，还要发自内心去欣赏他人、肯定他人。只有这样，你的赞美才能散发出真诚的气场，而你也能够在赞美他人的过程中，学习到对方的优点，培养出乐观的性格，以及宽容的胸襟。

给人一些出其不意的赞美

安德烈·毛雷斯说过："当我谈论一个将军的胜利时，他并没有感谢我。但当一位女士提到他眼睛里的光彩时，他却露出无限的感激。"

对于被赞美的人来说，他身上那些广为人知的大众优点，或许早就被人夸赞过无数次了，听得次数多了自然也就觉得没什么意思了。如果你能发现他身上那些鲜为人知的出众之处，当着众人的面讲出来，那么对他而言，无疑就像是收到了一份不同凡响的礼物，惊喜有加，并慷慨笑纳。

孙先生是一位青年画家，他身上有太多的光芒，才华、能力、相貌样样出色。在与人接触的过程中，他已经对那些赞许和钦佩的话产生免疫，虽然对方表达的也是发自肺腑的真心话，可他却体会不到欢喜和兴奋。所以，每次他都是象征性地一笑，以表感谢。

不过，当他遇见了刚刚从海外留学归来的莉时，却有了不一样的感受。莉说话很温和，但又非常细腻，总能洞察他内心深处的想法。刚认识孙先生时，她看了他的几幅作品，没有说那些带有太多情感字眼的话，而是简单直白地说了一句："不错，我很喜欢。"

这让孙先生有点儿意外，那几幅作品都是获奖的作品，为何到了这个女子的口中，就只是轻描淡写的一句"不错"，他不禁问莉："为什么？"

这样一问，莉也有点不知所措了。说出那句话后，孙先生自己也有点后悔，觉得自己太莫名其妙了。不过，莉还是觉得应该给出一个理由，就说："您的画非常好，这是不争的事实，不然也不会获奖。但我喜欢的并非如此，而是它的简单。"

"简单？"孙先生不知这样的话到底是什么意思，但是随后他就确定了，这是莉对他的赞许。简单，多少有些另类，可他内心深处又很喜欢这样的赞许，比起那些夸张的、逢迎的话，他觉得这样直白而纯粹的诠释，让自己感受到了一种别样的韵味。

此后不久，孙先生就和莉正式交往了。没有什么特别的理由，就只是遵从内心的意愿，如果非要找个理由，那就是：莉喜欢孙先生的简单，毕竟画作有新生；而孙先生也喜欢莉的独特，不随大流。

想让自己成为受人喜欢的谈话者，就要不时地让对方感受到惊喜。放弃那些陈词滥调的赞美，人云亦云实在无趣，试着用新颖的、有吸引力的语言去赞美别人，既能显示出你的才能，也能让被赞美的人愉悦地接受。

某市的一家大型企业顺利上市，女记者特意采访了企业的法人张女士。多年来，她把企业管理得非常优秀，经济效益和社会效益都非常可观，业内人把她称为“铁娘子”。

女记者采访张女士时，为了拉近彼此的心理距离，让采访氛围更融洽，特意说道：“张董，大家都说您管理细致，我倒觉得，是您身上具有传统女性的魅力——温和，善良，细心。”

这一席话，说得张女士开心得合不拢嘴。她连忙接话说：“不少人都只看到我的表面，说我是‘铁娘子’，其实他们并不了解我。”

无论一个女人事业上再怎么出色，其实她的骨子里也都有非常柔美的一面，这就是女人独有的天性。作为一个成功的女企业家，她听到最多的赞美一定是她事业上的成就、管理上的才能，真正赞赏她女性魅力的人并不多。女记者抓住了这一点，让张女士觉得很新颖，自然也说到了她的心里。

想让一个人喜欢跟你对话，就要让他时时处在惊喜的包围中，不时将意料之外的赞美送给他。只有让他感觉下一秒永远不可预知，而且满是惊喜，他才会真的对你印象深刻。至于如何做到给人以出其不意的赞美，这里有一些小技巧可供参考。

抓住细节之处赞美

想想看，当你不为人知或是不容易被觉察的优点被发现时，你是什么心情？一定会觉得非常欣喜。所以，要抓住别人在某一方面的细节去赞美他，这样会更容易博得对方的好感，带给他心理上的满足。

借助请教赞美对方

人人都有“好为人师”的心理，很多时候，试着放低姿态有目的地去请教对方，以自己的平庸衬托对方在这方面的优势，满足对方的存在感和优越感，对方会感觉非常受用。

选择有新意的角度赞赏

每个人都有值得赞美的地方，只不过，总挑那些明显之处去赞美，效果不太好。试着去寻找一些不常被人提及的“冷门”，从全新的角度去称赞对方，往往事半功倍。

总之，摒弃那些千篇一律的赞美，让你说出的欣赏之词多点儿新意，如此，被称赞者也能够感受到你的细腻心思，觉得你是一个不落俗套的人。

一语中的，把话说在点子上

明朝画家周玄素曾经用一句话就让开国皇帝朱元璋龙颜大悦。

当时，朱元璋刚刚建国不久。有一天，他突发雅兴，派人召来宫廷画师周玄素，命他在大殿的墙壁上绘制一幅《天下江山图》，以显示自己的伟业。周玄素听后想：这么大的江山，怎么可能凭一幅画表现出来呢？如果自己画得不符合皇帝心意，很可能性命不保。于是，他就上前谢罪，说："微臣才疏学浅，又不曾走遍天下九州，实在不敢奉诏。臣斗胆恳请陛下启动御笔，勾勒本图的规模，臣润色一二。"

朱元璋见他说得有理，就提起御笔，简单地在墙上勾勒出一幅《天下江山图》的轮廓。随后，他对周玄素说："朕已经构建了草图，你来润色吧！"周玄素看着草图，回禀说："陛下江山已定，岂可再有改动！"朱元璋听后，非常高兴，重重地赏了周玄素一番，作画的事也未再提。

很显然，周玄素的话是一语双关。朱元璋刚刚做皇帝，他自然希望政权稳定，而周玄素所说的话，正中了朱元璋的心思，说他的政权已经非常牢固，谁也无法动摇了。朱元璋是绝顶聪明之人，自然听得出这番意思，而周玄素的赞美也说得恰到好处，既不像奉承，又迎合了皇帝的心理。

对他人的赞美并非多多益善。有些话如果说得太过频繁，甚至过了头，就会适得其反，让人感觉不真实，有奉承的意味，甚至对你产生警惕和戒备。正所谓，物以稀为贵。赞美不在于多，而在于一语中的，夸到点子上。

在一次交际聚会上，一位资深的作家被人赞美道："您真是了不起，写了那么多精彩的文章，大家都觉得只有您的作品是最值得我们拜读和学习的。"作家听到这样的话，脸上露出淡淡的笑，没有太多的表情。他在文坛上的名声越来越大，这样的称赞是再平常不过的。

席间，来了一位女记者，她主动伸出手跟作家握手，另一只手指着作家修剪整齐的胡须说："您的胡须真是与众不同，很有品位，且非常有魅力。"女记者的话刚一出口，作家就露出了喜悦的神情。因为这胡须是他精心留下并修剪打理的，但很少有人对他说这样的话。女记者这么一夸，刚好夸到了他的心坎里，他自然喜上眉梢。

后来，女记者对作家进行了独家专访，过程进展得很顺利，两个人后来还成了朋友。这就是会夸人者的优势，她说出的话总会让人印象深刻，让对方觉得她很细心，能够发现细枝末节，甚至是别人看不到的东西，无形中就拉近了彼此的距离。

那么，如何才能做到夸人夸到点子上呢？

摒弃一般性的赞美

人的素质有高低之分，年龄有长幼之别，因此，在夸奖对方时，尽量避免一般性的赞美，多突出对方的个性、特点，往往能够收到更好的效果。

恰到好处的恭维

每个人或多或少都有一点自卑心理，也都喜欢别人恭维一下，如称赞其聪明、漂亮、有才华，等等。切记，恭维不能太过，否则就成了阿谀奉承、溜须拍马。

抓住对方的多面需求

赞美别人时，要知道别人最喜欢被人称赞的地方。比如，身材很好的女孩子，你去夸奖她身材好，倒不如说她懂得保养、非常自律、爱自己、会生活，这样的赞美会让她更受用。

当然了，不管是赞美哪一方面，都别忘了最初的原则，那就是发自内心的真诚。只有抱以真情实感，才不会给人以虚假和牵强的感觉，才会让对方觉得亲切，有遇到知音的感觉。

多称赞对方有成就感的事

赞美是一门艺术，想要让自己的赞美沁人心脾，就得找到能打开人心的那把钥匙。赞美的方式有很多，钥匙也不止一把，而最简单好用的莫过于去谈论对方最得意的、最有成就感的事情，积极地以这些事情为话题，不动声色地夸赞别人。

苏芮是个性格爽朗的女孩，不管是亲戚朋友还是周围客户，对方有怎样的性格爱好，她都能很快跟对方打成一片。她的好人缘，全得益于她懂得察言观色，巧妙地找出话题，悄无声息地赞美人。

一次年终聚会上，她的直属上司因突发情况要处理，不得不暂时离开。只是，他偕同爱人一起来参加，自己走了，爱人独自参与聚会，谁也不认识，显得有些冷清。他知道苏芮能说会道，做事有分寸，就拜托苏芮关照一下自己的爱人。

当时，苏芮被上司介绍给他的太太时，两个人是初次见面，一点儿也不熟悉。为了避免尴尬，苏芮试图寻找点谈得来的话题。这时，她突然看到上司的太太脖子上佩戴的坠子，随口说了一句：

“您的坠子很特别，似乎并不常见。”

果然，这句话引起了这位太太的兴趣，她说：“是的，这个坠子只有在巴黎圣母院才买得到。”苏芮的话，让她想起了关于坠子的种种往事，她的话匣子就这样打开了。

言谈之间，苏芮感觉到，上司的太太对饰品非常有研究，她便顺着这件事，赞美对方：“看来您对饰品真的是很内行，我觉得，收藏饰品也是非常考验一个人的品位的，以后在这方面我还得向您多请教呢！”

上司的太太和苏芮相谈甚欢，全然忘了时间，待聚会结束后，她还觉得意犹未尽。回去之后，她跟先生说：“苏芮这女孩真是不错，我跟她很谈得来。”

会说话的女人就是这样，懂得从欣赏他人入手，拉近与对方的人际距离，从对方最得意的事情说起，选择对方想听、想聊的事情展开话题，并借此机会给予对方真诚的、发自内心的赞美。

伍小姐在一家公司做业务代表。有一次，伍小姐的老板要她去拜访一位老客户，希望能跟对方签下一个季度的订单。伍小姐之前听公司的同事说过，这个老客户性情清高孤傲，待人冷淡，从来不轻易买任何人的账，公司的人都不愿意跟他打交道。

烫手的山芋到了自己这里，伍小姐忧虑了好几天。可领导交代了，事情还得去做，伍小姐就开始了解这位老客户的情况，无意中发现这位老先生很喜欢书法。在拜访之前，她花费了几天的时间，专门去阅读书法方面的书籍。

到了拜访的那一天，她来到这位老客户的家里。果然，老客户对她的态度非常冷淡。这时，伍小姐看到客厅里挂着一幅书法作品，她灵机一动，装作不经意地看到那幅作品，边欣赏边赞叹道："这幅书法作品，气势磅礴，用笔一气呵成，真是一幅好作品啊！敢问先生，这幅作品您是如何得来的？出自哪位名家之手？"

这一番话让老客户的态度突然有了转变，脸上瞬间涌现出一份愉悦感和自豪感，他笑着对伍小姐说："这是我自己闲来无事的随手之笔！"

"哎呀，原来是先生您的作品，真是厉害啊！我学过几年书法，知道一点儿皮毛。要达到您这样的境界，可真是不容易！"伍小姐见老客户很开心，继续恭维道。果然，老客户的态度彻底变了，话也多了起来。接着，伍小姐对所谈话题着意挖掘，环环相扣。最后，伍小姐说服了老客户，让老客户签了下一个季度的订单。

卡耐基说过："即使你喜欢吃香蕉、三明治，但你不能用这些东西去钓鱼，因为鱼儿并不喜欢它们。你想钓到鱼儿，必须下鱼饵才行。"所以，我们平日里赞美他人，也要善于挑选对方喜欢的事物。

从对方的兴趣爱好入手

每个人都有自己的兴趣爱好，不管是谁，不管这个人的兴趣爱好是什么，只要懂得在说话的过程中投其所好，就能在人际交往中获得意想不到的收获。

多聊聊对方的得意之事

人在潜意识里都希望自己能够成为这个社会的主流，成为众人瞩目的焦点。所以，在跟对方交流的时候，不妨多聊聊对方得意的事，包括对方在工作和生活中取得的成就，这样，交谈中就很容易引起对方的兴趣，博取对方的好感。

称赞对方喜欢和在意的人

选取对方引起为豪的人，大加赞赏，对方会不知不觉地产生一种成就感和满足感。

一家鲜花店的女店主，每次有顾客光临时，她总是显得热情而真诚，没怎么介绍店里的花，顾客却不好意思不买。要是一位母亲带着孩子光顾，她总会跟女士攀谈起孩子，把小孩子夸赞一通，说得母亲心花怒放，之后再说选花的事，顾客往往都会爽快地买一束。若是遇到恋爱中的小伙儿，定会把他和心上人一起夸赞一番，说他懂浪漫，说姑娘一定跟他很相配，再介绍一些寓意比较好的花，小伙子会欣然接受。

女店主身上没有商人的气息，字字句句都说到顾客的心坎儿里，让人觉得她真诚可信，就像一位贴心的朋友，可以聊聊天，可以提供一些建议，还能把你说得心花怒放。面对这样热情的人，很少有人会抗拒。

很多时候，不是我们与人没有共同话题，也不是他人没有值得赞美的地方，如果能多多留意一下对方最引以为豪的人和事，适当地赞美，就能相谈甚欢。

背后夸人也得讲点儿技巧

《红楼梦》里有这样一处情节。

贾雨村到贾府做客，贾政让宝玉一同来见客。依照宝玉的性情，他最讨厌出席这样的场合，说什么都不愿意去。史湘云劝宝玉说：“还是这个情性不改。如今大了，你就不愿读书去考举人进士的，也该常常地会会这些为官作宰的人，谈谈讲讲那些仕途经济的学文，也好将来应酬世务，日后也有个朋友。没见你成年家只在我们队里搅些什么！”

宝玉本就是一个追求自由的人，不喜欢被束缚，听到史湘云等人这样一说，心里更是恼火，反感不已。他冲着史湘云和袭人说：“林姑娘从来就没有说过这样的混账话！要是她也说这些混账话，我早就和她生分了。”

碰巧，当时林黛玉就在窗外，无意间听到宝玉这样赞美自己，心里顿时倍感温暖：“不觉又惊又喜，又悲又叹。所喜者，果然自己眼力不错，素日认他是个知己，果然是个知己。”之后，宝玉和黛玉间的感情大增，彼此更加亲密无间，开始互诉衷肠。

其实，依照黛玉那敏感多疑的性格，如果宝玉这番话是当着她当面说的，她不会认为是赞美，反倒觉得是为了讨好她或是打趣她。还好，宝玉是在别人面前赞美黛玉，而又不知道黛玉会听到，黛玉才觉得这种赞美是发自内心的，实在难得。

有时候，赞美并不需要绞尽脑汁想多么华丽的辞藻，费尽心机地找各种场合去讨好别人，在背后说上两句赞美的话，就能巧妙地把心思传递出去，效果出奇的好。如果只是当人面说好话，说得不够恰当，还可能被当成了阿谀奉承。

在背后说同样的话，就完全不一样了。被赞美的人往往会觉得，这是肺腑之言，真诚恳切。毕竟，你冲着一个不相干的人去赞美他，不会有什么明确的目的，但这个赞美会一传十、十传百，最终传到被赞美者的耳朵里。尤其是，借用第三人之口来赞美别人的优点，更是一种巧妙的驭人术，会让当事人产生一种“使命感”，为了维护自己在他人心中的好形象，发自内心地做出一些转变。

艾莉丝·肯特太太聘请了一位女佣，为了多了解这位女佣的情况，她特意打电话给女佣的前任雇主。没想到，女佣的前任雇主在电话里告知，这位女佣有太多的缺点，她们相处得很不愉快。

女佣第一天到艾莉丝家里上班时，艾莉丝说：“亲爱的，我给你的前任雇主打电话询问了一些你的情况，她对我说，你为人诚实可靠，而且厨艺非常好。唯一的缺点就是，对整理家居不是很熟悉，总把屋子搞得很乱。我想，她的话也未必都可信，你穿得这么整洁，一看就知道是个爱干净的人。我想，你一定能把屋子收拾得像你这个人一样整齐干净。我还相信，我们可以相处得非常融洽。”

听到艾莉丝说的话，女佣心里非常感动。她没想到，前任雇主对自己的评价这么高，而艾莉丝太太比前任雇主更加信任自己。为了这份美誉，她在工作中尽心尽力，每天都把屋子收拾得一尘不染。在艾莉丝家里工作期间，她们还成了无话不谈的朋友。

在背后赞美他人，能够满足他人的虚荣心，且显得非常真实。

如果你说的赞美之言超出了被说者的意料，那么对方一定会感怀在心，牢记着你的每句话。

不过，背后夸人也有一些需要注意的地方，若毫无顾忌，很可能会事与愿违。

一定要注意尺度

在背后说朋友的好话没有错，但若话说得太过绝对，很可能给对方惹麻烦。比如，在A面前，大力鼓吹你们共同的朋友B多么“仗义疏财”，结果A向B借钱，说听闻他如何仗义、如何慷慨，弄得B进退两难，毫无疑问，这样的夸奖会给人带来麻烦。

背后夸人要看时机

一位热心肠的女士想向上级汇报自己的上司如何体恤员工，平日里经常给员工提供福利和帮助。没想到，公司当时恰遇经济危机，财务上出了问题，听她这一说，那位上司无辜遭到了怀疑。原本是想夸奖对方，结果让对方背了黑锅。这就是没有弄清楚时机，在特殊时刻说了不该说的话。

注意身份和隐私

一位在肿瘤医院工作的女孩，见到邻居阿姨时，热情地夸奖她儿子如何孝顺，说经常帮她开药，云云。说这话时，她忘记了自己的身份，邻居阿姨告知，她儿子给她买了很多药，但都没有说明书，前后一联系，她猜出自己可能患了癌症。这种夸奖，就是没考虑到自己的身份，无意中泄露了一些隐私，给自己和他人都带来不愿看到的后果。

背后夸人是一件好事，但一定得精心，话不可乱说，要考虑到尺度、时机、身份等各种问题，否则，好心也会办坏事，给人帮倒忙。

用赞美去化解怨恨与矛盾

林肯说：“每个人都喜欢赞美。”

赞美的特别之处在于它的美，让听的人觉得舒服。谁都喜欢受到他人的肯定和尊重，听到别人的赞美话，就算自己不是当之无愧，也会欣然接受。且不说普通人，就是一些有身份地位的名人，在听到他人的赞美时，也会一改原来的态度。

丘吉尔最初对杜鲁门的印象很不好，可后来他告诉杜鲁门，说之前低估了他。这种巧妙的赞美，不仅委婉地向对方道了歉，还缓解了彼此紧张的关系，让两个人一下子变得亲密了。

从这一点上来看，赞美可以消除对方的戒备，改变对方的敌对态度。当我们在生活中与人产生种种摩擦和不快时，不妨尝试用赞美来消融怨怼与矛盾。

一位年轻人在邻近的街区开了一家药店，经验丰富且颇有声望的药店主帕克很不高兴。他指责这个年轻的对手卖假药，并且根本没有配方的经验。受到攻击的年轻人不服气，准备向法院起诉。

在与律师交谈的过程中，律师劝年轻人：“先别把这件事闹得太严重了，你不妨试着向他表示一下你的善意。”年轻人本来有些迟疑，但在律师的好言相劝下，决定一试。

第二天，又有顾客对年轻人提起帕克的言语攻击，他平静地说：“我想，肯定是有什么事导致了误会。帕克是这个城里最好的药店主之一，他在任何时候都乐意给急诊病人配药，这种态度给我们同行都树立了榜样。我们这个地方正在发展中，有足够的余地可供我们两家做生意，一直以来，我都是朝着帕克医生的药店看齐的。”

这番话在城里传得很快，不久就传到了帕克的耳朵里。帕克迫不及待地去见了自己的年轻对手，主动向他道了歉，还介绍了自己开办药店的一些经验，给对手提供了有益的劝告。一番真诚的赞美，就这样消除了对手之间的怨恨。

真诚是顺利交往的基础，没有人不被真心诚意的赞赏打动，包括那些看起来冷若冰川的人，也包括那些所谓的“敌人”。每个人都有可取之处，都有值得称道的地方，你只要大大方方地说出来，就能与对方进行友好的沟通，化解恩怨。多一个敌人，不如多一个朋友，既然只需几句话就能让彼此都高兴，为什么不试试呢?

苏晴公派到美国工作，身在异国他乡，远离亲人和朋友，最初的那段日子，她确实有些不习惯，经常会觉得孤单落寞。为了让自己尽快适应在美国的生活，不因情绪影响工作，周末的时候，她开始主动拜访周围的邻居。多数邻居都很友好，热情地招待苏晴，唯独有一位名叫玛丽安的中年女士，让苏晴吃了“闭门羹”。

邻居们告诉苏晴，玛丽安性格很古怪，在这里住了很多年，对谁都是爱答不理的，一个朋友也没有。大家都劝苏晴，以后不用再跟玛丽安打招呼，可苏晴每次看到玛丽安的时候，还是对她微笑着问好。有时候，玛丽安会盯着苏晴看上一两秒钟，而后扭过头不再理睬；有时干脆用鼻子哼一声，表现得异常冷漠。总之，玛丽安没有一点友好的意思。

住的时间长了，苏晴发现一件事：玛丽安虽然性格古怪，可她的花园打理得非常漂亮。在整个社区里，她家的草坪算得上是最漂亮的，种植的花也开得很美。每次看到玛丽安，她总是在精心地修剪自己的草坪，就像对待孩子一样细心。

那天傍晚，苏晴下班回家，路过玛丽安家时，她像往常一样微笑着问好。玛丽安依然是老样子，不耐烦地回应了一句。苏晴没有继续往前走，她停了下来，用羡慕的目光看着玛丽安家的花园。玛丽安也注意到了这一点，看到有人驻足欣赏自己的“杰作”，她的脸色突然变得柔和起来。

玛丽安朝着苏晴走了过来，骄傲地说：“这草坪是我几十年精心照料的结果。”苏晴笑着说：“真的很漂亮，我在咱们社区里，还没有见过比它更漂亮的呢！你真的很了不起。”谁知道，就这样一句赞美之言，一下子打开了玛丽安的话匣子。

玛丽安一反常态，竟然拉着苏晴的手，指着草坪对她说：“你看，那些爱尔兰雏菊是我花了高价买回来的……噢，还有那些新西兰香草，是我朋友送来的……还有，那边的荷兰郁金香，我花了很长时间才搜集到的。”玛丽安的草坪就像一本故事书，上面的每株植物都有一个故事，她讲得很动情，苏晴也听得兴致勃勃。

不知不觉，玛丽安就跟苏晴聊了一个多小时，眼看天色暗了下来，她居然邀请苏晴在自己家里吃晚餐。就这样，苏晴跟玛丽安一边享受着丰盛的美食，一边开心地聊天，她听玛丽安讲述种植花卉的经历，后来又听她讲起了自己的故事，两个人宛若相识已久的故知。

后来，性格古怪的玛丽安竟然和刚刚搬来不久的苏晴成了朋友，只要苏晴有什么需要帮忙的事情，玛丽安定会第一时间赶来。也许是走出了自己封闭已久的小圈子，玛丽安的性格也渐渐变得温和，开始主动和邻居们说话了。

碰到冷漠如霜的人，或是与人发生了摩擦，与其哀叹处世艰难，不如主动去寻找他人身上的优点，用赞美的话来消融他人内心的冰川和彼此间的隔阂。要做到这一点，需要谨记几条原则。

尽量不与对方发生正面冲突

正面的冲撞只会让误会更深、矛盾更复杂，和解的第一步就是避免争吵。

客观地评价对方

站在客观的角度去审视一个人，看看真实的他除了缺点之外，有哪些优点和成就。

不吝啬自己的称赞

当你看到对方的长处时，坦荡地说出来，让对方感受到你真诚的欣赏和钦佩。

世界上没有不能交往的人，只有不合适的社交手段。要知道，生活从来都不缺少美，但一直都缺少发现。

第五章

把不好听的话，用好听的方式说出来

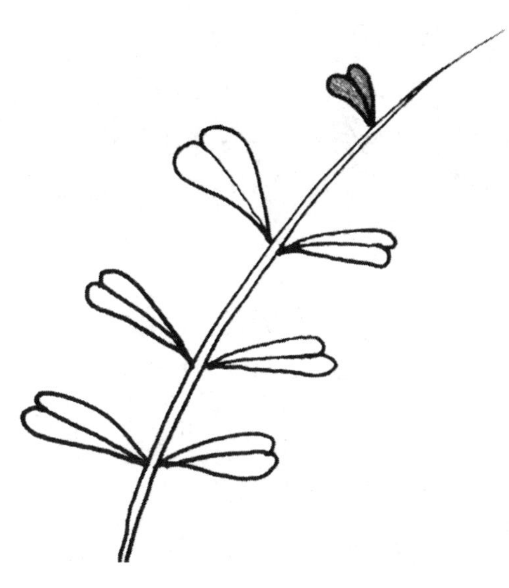

不要直接指出他人的错

一位优雅的中年女士在餐馆里用餐，她把米饭里的沙子一粒粒挑出来放在桌子上。服务员看到后，不好意思地走上前，说：“里面的沙子不少吧？”女士笑盈盈地说：“还是有一点儿米的。”服务员听后，主动提出：“我给您换一份其他的主食，您看好吗？”

在饭馆里遇到米饭沙子多、食物变味等问题很常见，但不是所有人都能这样温和地指出问题、解决问题，很多人会提高分贝叫来餐厅经理，咄咄逼人地指责一通。作为饭店一方，自然是理亏的，可除却服务员、大厅经理等身份职位，他们也是一个真实、有血有肉、有尊严的人，被人当众指责，而碍于身份、角色的原因只能忍受，这种滋味也是很难受的。

相比而言，这位女士的处理方式就显得有修养多了。她没有直接说米饭质量不好，而是有趣地调侃“饭里除了沙子还是有一点儿米的”，用先肯定再转折的方式表达自己的不满。这样的责备，既让饭店方认识到了问题所在，也没有让对方陷入尴尬中。

什么是教养？就是在让自己感到舒服的同时，也照顾到别人的感受。尤其是在对方做错事或双方产生严重分歧时，失控地横加指责和挑剔没有任何意义，只会伤害彼此的感情和对方的尊严，拉低自己的修养。

一个人在犯了错、说错话时，如果他本身已经意识到了，那么他必然会感到不好意思。此时，你若劈头盖脸地去指责，甚至有些脾气暴躁的女性忍不住大发雷霆，那么纵然你是出于“善意”，对方也不会接受，甚至会厌恶你。

有一次，麦子出席大学同学聚会。去的时候赶上堵车，她迟到了半小时，结果刚一进门，跟她在同一个城市的张茜就开始数落她：“让你早点儿出来，你还是这么慢。大家都等你半天了。”麦子也为耽误大家的时间感到抱歉，对于张茜的指责没说什么。

饭局进行到一半，麦子发现一对曾经非常要好，甚至要谈婚论嫁的伴侣，如今没有坐在一起，就好奇地问了一句。对方平静地告知分手了，也没过多地解释什么。麦子自然知道问了不该问的，心里也有点不太舒服。

过了一会儿，麦子和张茜去卫生间时，张茜又开始指责麦子：“你没看他俩的气氛都不对吗？本来她就不高兴，你这么一说，人家肯定更难受。”对张茜的指责，麦子忍不住想发火，可想着是同学聚会，就忍了下来。之后，虽然两人还在同一个城市工作，但麦子轻易不再跟张茜联系了。

每个人都有自尊心，尤其是在人前，谁也不愿意被批判。只是顾及面子问题，被批评的人也不好反驳，可内心和情绪上的沮丧是无法避免的。要知道，任何人都有缺点，都会犯错，我们只能要求自己尽量把事情做到最好，尽量不犯错，但这不意味着要把自己摆在很高的位置，以此去要求别人、指责别人。如果是在特殊的场合下，必须指出对方的问题所在，那也得讲究点儿方式方法。

间接地提醒对方

很多后备军人在受训期间，最常抱怨的就是必须理发，他们总觉得自己依然是普通老百姓。作为军官，该如何处理这样的问题呢？是按照一般军人的管理方法斥责他们，还是出言恐吓？有没有更好的办法？

有位军官是这样做的，他对士兵们做了一场动情的演讲，说：“诸位，你们都是未来的领导者，都知道军中对头发的规定。我今天就要按照规定去理发，虽然我的头发比你们还短得多。诸位等一下可以照照镜子，如果觉得有必要，我们可以安排时间到理发师那儿去。”

结果，许多人在照了镜子后，都依照规定理好了头发。这位军官没有采用常规的做法，而是间接地提醒对方，达到了自己的目的。

妙用一语双关

当对方的做法存在一些问题，必须指出来的时候，在特定环境中，某些词语就具备了双重意义。这种方式既可以传递自己的想法，也增加了幽默感。

一位年轻的作者给出版社投稿，编辑看了之后问：“这本小说是你自己写的吗？”

作者回答说：“是啊，我构思了一个月，整整坐了两天才写出来，写作太辛苦了。”

编辑发了一个感慨的表情，说：“伟大的契诃夫，您什么时候又复活了呀！”

年轻人没再说话，他知道自己的“把戏”被拆穿了。编辑用一语双关的方式，隐喻出“你抄袭了契诃夫的作品”，既含蓄幽默，又让对方知道自己犯了错误。这种指责的方式，远比直截了当地说对方抄袭要高明得多。

一个真正懂得语言艺术的女性，从来不会在情绪和气势上压倒对方，更不会咄咄逼人地横加指责，她们总能把那些指责的话说得温和而有力，让对方自己去意识到问题所在，既避免了尴尬，也容易让人接受。

有些话，得拐个弯儿去说

每个人都是一个独立而特别的个体，生长环境、性格爱好、表达方式不尽相同，遇到问题时的表现也不一样。因此，我们在与人沟通的过程中，要充分考虑到对方的性格、情绪，不能什么话都直接说出来，要学会“拐弯儿”。

有些人外表冷漠，不太容易接近，跟这样的人交流，逢山开道、遇水搭桥是必不可少的，你直接跟对方深入交谈，他的戒备心会更强，很可能避而不谈；在你不清楚对方到底有什么想法，或是想做什么的时候，要学会投石问路；有时候，为了让对方平复情绪、减少敌意，还可以采用迂回战术与其交往。总之，说话不能只用一种方式，多思考一些，说得委婉一点，有利而无弊。

上班高峰期，公交车上有很多乘客，这时上来一个抱小孩的妇女。售票员见她辛苦，就对乘客说："哪位同志给这个抱小孩的女士让个座？"没想到，她接连喊了两声，都没有人回应。女售票员站起身来，用期待的目光看着窗口处的几位男青年，提高嗓音说："抱小孩的女士，您往里面走走，靠窗口的几位年轻人都想给您让座儿呢！您得先过来啊！"

话音刚落，两三个男青年全都站起身来。抱小孩的女士坐下后，只顾着照顾孩子，忘了跟让座的青年道谢。男青年面无表情，显得有些无奈。女售票员看在眼里，心里自然知道是怎么回事，就逗着女士怀里的小孩说："小朋友，叔叔给你让座，还不谢谢叔叔。"这句话提醒了孩子的母亲，她连忙拉着孩子说："快，谢谢叔叔。"说完，自己也对男青年说了一句"谢谢你"。

这样的情景在城市里每天都要上演多次，很多售票员在请年轻人让座时，都只会说"年轻人少坐会儿"，很多人倒也主动站起来，但对这个说法，许多年轻人心里并不认同。年轻人在城市里奔波也不易，尤其是早晚高峰时期，谁都想有个座位，减轻一点儿身体的负担。有时，真的是熬夜加班后、带着生病的痛苦坐上车，这个时候，依然被人理所当然地认为"年轻人在什么情况下都该让座"，显然会让人觉得不舒服。

这位女售票员的说话方式听起来就舒服很多。至少，她肯承认年轻人从道德意识上来说，都是愿意去让座的，没有直截了当地要求靠窗的男青年让座，用间接的语言提醒他们在这个时候需要做出一点牺牲；而对那位抱小孩的女士，在得到座位后没有道谢，她也没有指责，而是通过逗小孩的方式点醒那位母亲，照顾了她的自尊心。

虽说是很小的一件事，却能直观地反映出一个人的内心世界，和她为人处世的态度与内涵。生活中的许多争执和尴尬，都不是因为多么严重的问题引发的，往往只是一些细枝末节没做好，一两句没说对。所以说，在这种情况下，绕个弯子迂回一下，不是浪费时间，而是为了更好地处理彼此的关系。

当有些话不便于直说的时候，拐个弯暗示就是最好的方法，用一定的方法，含蓄、巧妙地向对方发出某种信息，以此来影响对方的心理，使其不自觉地接受一定的意见、信念，或改变其行动。至于具体怎么说，这里提供一些小方法作为参考。

巧用故事来暗示

领导希望把一项棘手的任务交给曾经在企业工作多年的人才，对方却觉得这工作容易得罪人，不太愿意做，说过去就是因为做事太认真，使人际关系变得很差。领导听后，就给对方讲了一个故事：导演为了拍摄电影四处招合适的演员，终于选到了一个合适的人选，通知他来面试。这个人很高兴，去之前理了发、换了新衣，可总觉得自己的两颗“犬牙”不好看，就到医院把“犬牙”拔了。等他去报到时，导演失望地告诉他：“你身上最珍贵的东西，被你当成缺陷给毁了，影片不需要你了。”

听过后，这位人才明白了，认真办事是最珍贵的办事原则，也是领导最欣赏他的地方。于是，他痛快地接受了任务。这里，领导没有讲大道理，而是用讲故事的方式暗示了自己的想法和见解。

用暗喻联结当事人

一天晚上，英国政治家约翰·威尔克斯与桑威奇伯爵在伦敦著名的俱乐部共进晚餐。三杯酒过后，桑威奇伯爵带着醉意调侃威尔克斯："我常在想，你一定会死于非命，不是得天花就是被绞死。"威尔克斯回击说："那要看我是喜欢伯爵夫人，还是喜欢伯爵了。"

这句话看起来没什么，可仔细推敲就会发现，这话里有话。为什么要看是喜欢伯爵夫人还是伯爵？想必，伯爵夫人早已感染了天花；至于喜欢伯爵就会死于绞刑，毫无疑问是把桑威奇当成绞刑的代名词了。

岔开话题让对方识趣

当有人在你面前评论第三个人，而你又不愿意背后议论他人时，当面说出自己的想法不太好，那无异于在指责对方的做法。最好的办法就是充耳不闻，故意岔开话题，顾左右而言他，对方明白你不愿意谈论那些，就会识趣地结束议论的话题。

做一个正直的人，不代表任何话都可以直说。把那些不方便直说的话，用间接的方式表达出来，让听的一方在做出延伸或深入判断后，领悟你话内的意思。这样做既给对方保留了面子，又体现出了自己的修养和友好态度，一举两得。

让逐客令多一点人情味儿

你想在家安静地看会儿书，一个不请自来的“闺蜜”打来电话或登门造访，滔滔不绝地跟你说一些七零八碎的事情，你不愿意听，只能勉强应付着，很想挂断电话或让对方离开，却怕伤害对方的自尊心，只得硬撑着听完。

待“闺蜜”离开后，你又不禁暗自感慨：大好的时光又这样被浪费了！可下一次再遇到同样的事情，你还是选择“舍命陪君子”。对一个珍惜时间的人来说，这样的事情真的很让人烦恼，有没有什么办法能解决呢？

这个时候，你最需要做的就是下“逐客令”！什么是逐客令？简单来说，就是主人对登门造访者不太欢迎，或者对对方说的话不感兴趣，想催他赶紧结束并离开，这就叫“逐客”。

中国人自古讲究礼法，性情又较为含蓄，直接赶客人走的话不太容易开口，说出来也会得罪人，但如果纵容对方继续下去，自己又难以忍受。面对这样的情况，我们得学会点儿语言技巧，让逐客令显得不那么冰冷，而是带着些许的人情味儿。

方睿家里来了一位客人，说是母亲的朋友。方睿坦然告知，说母亲不在家，对方却丝毫没有离开的意思，在客厅里坐了半天，和方睿聊东聊西。方睿不想跟对方继续聊下去，但屡次暗示，都没有结果。

这时候，方睿想到了一个办法，说：“我们家的菊花开得挺好的，您想不想到院子里看看？”客人欣然起身，在方睿的陪同下到花园里赏花。看过后，方睿趁机说："时间过得真快，太阳都快下山了，您还进屋坐会儿吗？"对方听后说道："不早了，我也该回去了。"

方睿的逐客令一点儿都不让人尴尬，没有伤害对方的感情，也没让自己成为一个冷漠无礼的人。毕竟，多个朋友多条路，多个敌人多堵墙，谁也不知道今后会遇到什么事，需要什么人帮忙，一个智慧的女性不会随随便便在言语上得罪人，而会想办法去做一个聪明人，说聪明的话，办漂亮的事。

那么，该如何让"逐客令"显得更有人情味呢？这里有一些方法可供参考。

以写代说

有些性格大大咧咧的人，可能对婉转的逐客令并不敏感。对这样的人，不妨用贴字条的方法来代替语言，让他们一看便知。有一位科学家，曾经在客厅里贴了一张"闲谈不超过3分钟"的字条，以提醒来访者。看到这张字条，那些"闲谈"的人自然就不会喋喋不休地说下去了。我们也可以根据自己的情况，贴上想说的话，如"孩子正在备考，闲谈请勿打扰"等，得到来者的注意和理解。这些字条是给所有客人看的，并不是针对某一个人，所以不会让来访者感到难堪。

以热待冷

逐客不一定要摆出冷若冰霜的表情，那样的话，会给来者一种"不受欢迎"的感觉，很容易伤害人际关系。相反，用热情的语言和周到的招待替代那种冷言冷语的态度，让来者在"极度热情"的主人面前不好意思，觉得自己打扰了主人，就不会总是登门了。这种过分的热情，其实和冷待没什么区别，不过是生活的辩证法。可是从表面上看，热情待客不失礼节，也能达到逐客的目的，效果比冷待好得多。

以疏代堵

闲聊的人通常时间都很充裕，没什么兴趣爱好。如果可以让他们制订兴趣计划，有事情可做，就会减少其上门干扰的频率。如果他是年轻人，可以鼓励他多读一点书，多学习，争取去过高质量的生活；如果她是女性，可以让她学习独立，努力提高各种能力；如果对方是老年人，可以让他发展兴趣爱好，读书、种花、健身、养生等，生活才不会无聊。

以攻代守

先了解清楚对方通常什么时候造访，在他来之前十分钟先去他那边做客，反主为客，掌握交谈时间的主动权。只要你想回去，随时都可以走人。当你去他家的次数多了，他就会改变到你家去的习惯。一段时间后，他可能就不会再那么做了。这也是一种特殊的逐客令。

收起不可一世的命令姿态

当我们请求别人去做一件事的时候，无论他的身份、角色、职位是什么，都不该用命令的语气，摆出一副颐指气使的样子。若是如此，人际关系一定会变得很糟糕。

一位女士遇事想请朋友帮忙，鉴于彼此关系很熟，说话也不客气，她直接用命令的语气吩咐朋友去做。朋友听了之后，虽然嘴上勉强应承了下来，心里却很不是滋味，心里嘀咕道："就算是朋友，也不该这么不客气吧？我又不欠你什么，帮你做事却连一句好话都讨不到，难道我就活该听你使唤？"

朋友心中怒火难消，就一直拖着不给这位女士办事，结果耽误了时日，没能办成。这位女士因为误了事，心里很不舒服，埋怨朋友忘性大、不靠谱。此时，朋友对这位女士已经无话可说，觉得她从来就不知道什么是尊重人，不宜深交。渐渐地，他就疏远了这位女士。久而久之，两个人还闹起了意见，最后竟成了陌路。

任何沟通都是双方之间的交流，包括情感、态度、思想和观念的交流。沟通的目的不是为了说服对方，而是寻找彼此都可以接受的方法。生活交往如是，职场更是如此。上下级之间交流最常用的两种方法，一是说服，二是命令。前者是恳切地引导对方按照自己的想法来做事，后者却是直接对下属发出指令，让对方来完成工作任务，没有商量的余地。

哪一种方法更容易为人所接受呢？这就像太阳和风的寓言，风越是用力刮，人把衣服裹得越紧；太阳温暖照人，人自然就脱掉了外衣。职场沟通也是这样，在给下属安排任务时一定要多商量，尊重对方的人格，而不是发号施令。

美娜是一家广告公司的助理，性格开朗，为人随和，在公司待了三年，一直都跟同事相处得不错。可最近她总是跟新上任的企划经理Linda“闹情绪”。

那天，一位重要的客户来公司约谈合作的事。美娜和平时一样，正准备去给客人沏茶，Linda却突然摆出一副命令的姿态，冲着美娜说：“你还不赶紧去倒水？”美娜心里很生气，随口说道：“我急着去洗手间，你先让别人去吧。”

周围同事都看得出，美娜并不是故意针对Linda，她只是受不了Linda每次说话时的态度，心里愤愤不平：“就算你是企划经理，我是前台，那又如何？彼此间就不该有尊重了吗？就算你的提议是对的，那就不能换一种语气说话吗？为什么非要弄得我像‘仆人’，你像‘主子’一样？在公司里是有上下级关系，可是走出公司，我跟你没什么两样！”

其实，Linda完全可以友善地说一句“麻烦你帮客人倒杯水”，温婉柔和，听起来也让人觉得舒服。可她身为上司，用粗暴的态度对下属说话，还想得到下属的合作，显然是不可能的。在尖锐对峙的情况下，没有人能够说服对方，因为不管是谁，处在什么位置，都不愿意听到别人用命令或强迫的语气跟自己说话。

也许有些女人会说，这不过是礼貌上的问题。事实上，这真的不仅仅是礼貌的问题，从听者的角度来看，有人用这种发号施令般的方式对自己说话，无疑就是摆出了一副高高在上、唯我独尊的架势，根本没有发自内心地尊重自己。从听到对方命令的那一刻起，心里就充满了抵触和反感，有了这样的负面情绪，再谈什么都是枉然。

那么，现实中该如何让自己说话的语气不像命令，多一点温度呢？

用建议替代指使

美国著名的传记作家伊达·泰波尔小姐在写扬·欧文的传记时，曾经访问过一位和扬·欧文在同一间办公室工作了3年的同事。那位同事告诉泰波尔小姐，他与扬·欧文相处那么长的时间，从来没有听到扬·欧文对任何人下达过直接的命令，他总是建议别人做什么，而非强硬地命令。

他说："扬·欧文现实几乎从未说过'去做这个，去做那个'，或者'别这样做，别那样做'，他总是说'你可以考虑这个'或者'你以为那样合适吗'。当他口述一封信后，他总是会说'你认为如何'。在看完助手写的报告后，他常常会说'也许这样措辞会更好一点'。"

把命令变成建议，不仅可以维护一个人的自尊，给他人一种受尊重感，还能够让对方更乐意合作，消除对立的情绪。人人都是平等的，不要以为自己比他人聪明，地位比别人高，就算真的如此，在人格与人性上，彼此也都是平等的。试着把自己放在一个与人平等的台阶上，用商量的语气与人交流，很多时候都可以心平气和、圆圆满满地解决问题。

让对方说出解决办法

岑莉是一家小厂的生产主任，多年来一直尽职尽责，跟工人的关系也不错，可谓是深受爱戴的中层领导。这一切，靠的是她出色的工作能力，还有那副不折不扣的好口才。

那次，厂里难得接到了一份大订单。可岑莉清楚，按照现阶段客户方的要求，他们很难如期交货。虽然工作已经在厂里排定好了，但时间上确实有点太仓促。岑莉没有催促工人加班加点赶订单，她把大家召集在一起，向工人们解释了当前的情形，也坦白告诉他们，如果能够按时完成这份订单，对他们和厂里意味着什么。

没想到，厂里的工人反响很激烈，不少人主动开始想办法，并坚持让岑莉接下这份订单。工人们提出的意见，其实有不少想法都跟岑莉不谋而合，但不一样的是，这些意见是他们主动提出来的，而不是岑莉强加的，这远比她直接下命令加班要好得多。现在，工人们是积极主动的，状态非常好。最终，厂里按时完成了这笔大订单，收益颇丰。

有人说过："用建议来替代指使，可以令人信服；用请求替代指使，可以令人高兴地执行；用商量替代指使，会有人主动请缨；用赞美替代指使，对方会用行动证明你是对的。"既然有这么多的方式可以让你达到预期的目的，为何偏偏要强硬地命令别人？为人处世的基本原则，就是懂得尊重别人，你敬人一尺，别人自会敬你一丈。

得体的拒绝，也可以不伤人

一个熟人百折不挠地向你推销某类商品，你心里很清楚，买下就等于吃亏，可因为彼此是熟人关系，所以不好意思拒绝他；一个品行不好的人来向你借钱，你不想借给他，他却一直缠着你，因为你知道，如果把钱借给他，你的钱便如泥牛入海，有去无回；一个朋友热情地向你介绍恋人，但你最近一段时间心情很糟糕，根本没有心思去考虑这方面的问题……

类似的事情在生活中很常见。很多女性朋友都会问：怎么才能在处境不利的情况下坚持自己的想法，拒绝别人呢？的确，这是需要一点智慧才能做好的事情。

倘若你是这样回绝的：直截了当地告诉那些向你推销商品的熟人，你现在没有买这个东西的打算，或者你不喜欢用它；明确且坚决地告诉那些缠着你借钱的人，你现在资金也很紧张，根本没有钱，如果他再来纠缠你，你就告诉他，你有可能不会接待他；对热心给你介绍恋人的人，除了要表示真诚的道谢外，明确告诉对方，这段时间你的工作有点忙，等过几天再说，让对方明白你的意思。

这些拒绝人的方法都是生活中最常见的，也是我们最常用的。可它们真的奏效吗？多数时候，效果并没有想象中那么好，甚至还会引发不愉快。所以说，拒绝这件事，还得运用一些“艺术”的方式，既让它发挥效用，又避免让对方陷入窘境。

以开玩笑的方式拒绝对方

有一次，钢琴家肖邦在巴黎举行一次盛大的演奏会。一位贵妇由于没买到票而向肖邦求援，肖邦手里也没有，他不愿意给主办方添麻烦，但也不好意思拒绝，就这样回答：“真是遗憾，我手里一张票也没有。不过，在大厅里我有一个座位，如果您高兴……”贵妇很兴奋地问道：“这个位置在哪儿？”肖邦说：“不难找，就在钢琴后面。”俨然，这是肖邦弹奏钢琴时坐的，贵妇只好失望地走了。

假装自言自语，说出心里话

开美容院的赵女士得知一位信誉不太好的女性朋友要向她借钱，心里明白这钱借出去肯定要不回来，但不借的话，又怕得罪人。一天，那位女性朋友刚来店里，还没有开口说借钱的事，赵女士就一边翻账单一边念叨：“唉，这批货款非要一次性付清，真是愁坏我了。下午我还得出去一趟，到我姐姐那边看看，能不能帮我筹措点钱。”那位女性朋友一听，意识到不可能从赵女士这边借出钱了，也就没有开口。

用肢体语言来拒绝对方

一个会说话的女人，不仅会用语言表达自己的心声，还会在适当的场合用肢体语言说“不”。比如，转动脖子、用手帕擦拭眼角、按眼睑、拍肩膀、揉太阳穴等动作，都可以在特定的场合中传递出这样的信息：“你的话让我产生了生理上的疲劳和心理上的疲劳，希望你早点儿停下来。”

无论何时都请记住：每个人都希望拥有自尊，哪怕是在被人拒绝的时候。所以，不伤害他人而又能遵从自己的意愿，是有修养的智慧女性在交际中应该学会的沟通技巧。

委婉传达生活中的坏消息

天有不测风云，人有旦夕祸福。人生无常，天灾人祸总是在不经意间就降临，给人带来晴天霹雳、地陷天倾一样的打击，让人痛苦和惊惧。女人心思细腻，性情如水，定是不愿看到他人在得知噩耗时悲恸欲绝的画面。

那么，当致命的打击突如其来时，要怎样把这个不幸的消息通知给当事人或他的亲友，减缓对他们的刺激呢?

用委婉的语言直接说明

最简单的办法，就是用委婉的语言直接说明，但这种方法只适用于向那些性格刚强、有地位的人传递不幸的消息，倘若他的亲属遭遇不测，可以直接说明，或是用委婉的语言说明。这样的人往往经历过许多事，有一定的心理承受力，一般情况下可以顶得住。

曾经，某位师长的儿子在战场上牺牲了。前方的领导本来还有些顾虑，想着要不要立即把这个消息告诉他，最终考虑到他是军人，又是领导，对于这场战争的残酷性有一定的思想准备，便决定直言相告。于是，前方的领导怀着悲痛的心情，把这个消息告诉了他："师长同志，这次战斗打得很艰苦，很多同志牺牲了。您的儿子不愧是将门之子，他表现得很英雄，战斗到了最后一刻。"师长听着对方的讲述，眼眶里噙着眼泪，但始终没有流下来。片刻之后，他说："我为有这样的战士感到骄傲，也为有这样的儿子感到骄傲。"

这种直言相告的方式，只适用于那些有一定心理承受力的人，且当事人和亲属已经有了一定的精神准备。比如，久病不愈之后的噩耗，战场上的牺牲，等等。如果是日常生活中突如其来的变故，就不太合适了。

避免用刺激性语言

对于飞来横祸导致的不幸，而当事人的亲属或神经脆弱，或年迈多病，如若直言相告，很可能会引起更多的麻烦。此时，最好用委婉的方式传递不幸的消息，避免使用一些刺激性强的字眼，可以用同义词替代，比如“他走了”“我们没能留住他”，等等，让对方知晓，并承受这一不幸的消息。

张大妈的儿子因工厂锅炉爆炸，不幸身亡。张大妈过去也是工厂的工人，工会的同志到家里探望张大妈时，这样说道：“大妈，咱们厂发生了一起事故，这是不可抗拒的灾难，您的儿子离开了我们，我们都很怀念他。”工会同志没有直接说出张大妈的儿子牺牲了，可张大妈听了这番话，就什么都知道了。她心里很痛苦，却还是很理智地说：“今天早上我的眼皮一直跳，就怕有什么事发生，唉，没想到……”老人坚强地接受了现实。

逐渐渗透的方式

如果觉得不幸的消息会严重打击当事人，那么最好采用渐次渗透的方式通知对方，即一次一次地把坏消息透露出去，给对方一个缓冲的过程，当最后把实情说出来的时候，当事人也不会感觉太过突然，难以接受。

一位女士体弱多病，心脏又不好，在外地工作的丈夫过年回家探亲时，不幸在途中遭遇车祸离世。这个消息该如何告诉她呢？如果直截了当地说，后果不堪设想。后来，女士的家人用了渐次渗透的方式，先告诉她丈夫出了车祸，正在抢救；过了一天又说还没有脱离危险，情况不是很好；又过了一天，开始让她做好“最坏的准备”；最后告诉她医生已经尽力，可是没能留住她的爱人。这时候，她已经想到了此般结果，显得很镇定。

长期回避真情的方式

传达坏消息，还可以用长期回避真情的方式，让经不起刺激的人，在时间的消磨中，习惯失去这个亲人的生活，自己渐渐地悟出真相。

一位农村妇女有两个儿子，小儿子是个消防队员，一直在外地工作、生活，只是每到过年的时候，才会带着妻儿回来看望母亲。

不幸的是，小儿子在一次救火任务中牺牲了。这位妇女年轻时丧夫，又没什么文化，好不容易把两个孩子拉扯大，该享享清福了，小儿子偏偏又牺牲了，大家考虑到她年事已高，难以承受这样的打击，就没有把这个消息告诉她。

过年时，儿媳带着孩子回来了，对她说道："他扔下我们母女出国了。"村里的人虽然都知道，可不忍心向她透露实情，就把消息封锁起来了。之后，每到过年时，她都会问大儿子："你兄弟什么时候回来呀？"大儿子把自己捏造的信念给母亲听，老妇人一次次都相信了。

很多年过去，老妇人渐渐不再询问小儿子的消息了。她已经明白，小儿子是不在了，就算出国，也不可能不回来看望自己的母亲。只是，这些年她已经适应了没有小儿子的生活，并未觉得太受打击。后来，有个村民故意试探她，问："你的小儿子现在做什么工作呢？"老妇人非常平静地说："不在了……"

没有人愿意听到坏消息，甚至听到"坏消息"这样的字眼时都不免会紧张、恐惧，所以，女人向他人传达生活中的不幸之事时，一定要秉承严肃的态度，根据不同的对象采用合适的语言和方式，将不幸的消息给对方造成的伤害降到最低。

说服别人时要以情动人

有人说："人的心和降落伞一样，必须是开的才有用。"

这句话同样适用于说服别人时。说服不同于征服，征服也许需要你口若悬河地操纵人们，而说服是要别人真正从心底认同你的想法和观点。基于这一点，在说服他人时，表情和语调就成了关键点。如果只想一味地在言辞上占优势，不去碰触对方内心最柔软的一面，往往都会碰壁。

田菲是一家工程公司的安全检查员。工地上的女同志本来就不多，有时候遇到需要沟通协调的事，田菲总是一筹莫展。有些男同志在办事时事先递上一根烟，说着说着就跟对方找到了共同话题，可作为女同志，想跟工人们拉近关系，顺带提点意见，就没那么容易了。

公司一向重视工人的安全问题，之前也出现过个别工人因为没戴安全帽而被坠落的物体砸伤的事件，给公司带来了不少麻烦。为了防微杜渐，公司几乎每周都会派田菲到工地检查。起初，田菲看到那些没戴安全帽的工人时，总是劈头盖脸地批评一通，工人当时是听了，可事后还是拿她的话当耳旁风。遇到性格古怪的，还用家乡话指责辱骂田菲。

时间长了，田菲也意识到这个办法行不通。她决定换一种方式跟工人谈谈。

那天，她看见几个没有戴安全的工人，先是微笑着跟对方打招呼，然后又问道："是不是安全帽戴在头上不舒服？大小不合适吗？"工人见她的态度热情，也就说了实话，说天气有点热，戴着觉得麻烦。

田菲会意地点了点头，一反常态地跟工人唠起了家常，问他们老家在哪儿、家里都有什么人。之后，田菲缓缓地切入正题："出门在外工作，背井离乡的，确实不容易。现在天气是很热，可是在工地上班时，我希望大家还是戴上安全帽，这万一要是从上面坠落点什么东西，安全帽很有可能就是保命的武器。你们可都是家里的顶梁柱，公司希望大家在外都能平平安安的，为了你们自己的安全，也为了家里的老小，大家最好还是戴上安全帽吧！也许是热一点，可这总比拿生命冒险要好，是不是？"

大伙儿听了田菲的话，觉得她说得在理，尤其是提到家里的老小，许多人心里自然涌起了一份对家人的责任感。自那以后，工友们之间也会互相提醒。事实证明，田菲的这招"以情动人"收到了不错的效果。

每个人生长环境不同，所处的立场和境遇也不一样，对很多事的看法难免存在分歧，想要别人赞同自己的观点，或是按照自己的主观意愿去行事，实属不易。这就好比，你可以把马牵到河边，但你永远无法强迫它喝水，谁都很难用强迫性的举动说服别人站在自己一边。

人与人之间的沟通交流，实际上就是情感的交流和心灵的碰撞。你的面部表情、你的说话声音暴露着你内心的态度，是同情和关心，还是愤怒和排斥，听者是可以透过音容笑貌感受到的，你一脸的鄙夷，摆出颐指气使的样子，恐怕没有任何人会认同你、喜欢你。

如何说服别人才更容易被人接受，又显得富有亲和力呢?

用感情作好铺垫

要说服他人，特别是刚开始时对自己持反对意见的人，一定要多从感情上下功夫。不管多么顽强固执的人，都有感情脆弱的一面。如果能用感情打动他，他内部的堡垒自然就可以被攻破。在很多刑事案件当中，警察在面对犯罪分子的时候，用的也是这样的方式，触动他们内心最柔软的地方，唤醒他们的良知，使他们承认犯罪事实。

其实，这也是一种心理战术，因为人在与说服对象较量时，彼此都会产生一种心理防范，特别是在危急时刻。此时，想要说服成功，就得消除对方的防范心理，反复给予暗示，表示自己是朋友不是敌人，是为了帮助他而不是操纵他。生活中，的确有女人利用这一点，在关键时刻说服了他人，保护了自己。

用表情和语调传递情感

善于说服的女性，通常可以通过目光、眼神来准确地反映她的思想梯度。在某些情况下，一个眼神，就是最好的辅助说服的办法，抵得过千言万语。同时，语言声调也可以起到这样的作用，妥帖而又富于变化的语言声调，能够增强言语信息的明晰度。

换位思考，将心比心

想说服对方，必须学会设身处地为对方着想，了解他的心理、了解他的需求、了解他的困难，主动调整自己的态度和行为方式，才更容易使对方接受，达成统一认识。

总之，在说服别人时，一定要以情动人，让听者体会到一种亲近感和认同感，一旦建立了这种感情共鸣，无须再苦口婆心地劝诫，对方也会乐意听取你的意见。

批评裹点糖，忠言不逆耳

美国第十三届总统柯立芝刚上任时，聘了一个女秘书协助他。这个女秘书年轻又漂亮，在工作中却屡屡出问题，不是字打错了，就是时间记错了，让柯立芝很是头疼。

有一天，女秘书一进办公室，柯立芝就夸奖她的衣服很好看，并称赞她的美丽，女秘书受宠若惊，要知道一向不爱说话的总统平时是很少这样夸奖人的。柯立芝接着说："我相信你的工作也可以像你的人一样，都办得很漂亮。"

从那天开始，女秘书写的公文里几乎没再出过错误。

后来，有人问总统是怎么想出这个办法的，柯立芝笑一笑："很简单，你看理发师帮客人刮胡子之前，都会先涂上肥皂水，这么做的目的就是让客人在刮脸时不觉得疼，我就是借用了这个办法而已！”

无论出于什么原因，没有人喜欢被批评，哪怕你是无比正确的，批评不当也会引发一些负面效应。事实上，批评的效果并不在于言语的尖刻，而在于形式的巧妙，就像给一片药加上糖衣，不但能减轻吃药者的痛苦，也会使人愿意接受。所以，在必须对某个人进行批评的时候，不妨让你的话说得“好听”一点。

到底怎么做，才能让忠言不逆耳呢？下面这些方法或许能给你提供一些帮助。

称赞在前，批评在后

戴尔·卡耐基说过：“当我们听到别人对我们的某些长处表示赞赏之后，再听到他们的批评，心里往往会好受很多。”上文中柯立芝用的就是这种方式，在听到赞赏后心理比较愉悦，在这种状态下听到批评或规劝，就比较容易接受。

批评别人之前，先谈自己的错

被批评的人往往会有这样一种错觉，似乎批评自己的人是在刻意显示他的优越。为了避免对方产生这样的心理，在批评他人之前，我们不妨先谦虚地承认一下自己的错误，这样的话，别人在听到对自己的批评时，就不会感觉受不了。比如，在下属做错事的时候，你可以这样说：“我刚入职的时候，这方面做得也不好，谁也不是天生的万事通，所以你做错了也是正常的，下次不妨这样……”

间接地提醒别人注意问题

很多时候，直截了当地批评对方错了，不仅达不到目的，还可能引发不愉快。在这种情况下，不如间接地告知对方，提醒他注意。比如，A的一位室友总是习惯用别人的日用品，牙膏、肥皂、洗发液都不买，总是用A的。A心里不高兴，但并未直接说出来，等到宿舍就剩她俩的时候，她对室友说：“我知道你学习忙，又要参加训练，我这个人没什么特别的爱好，空闲时间多，如果你不介意的话，我可以替你去买一些生活用品。”室友一听，自然就明白了，惭愧之余，自己买了全套的日用品。

批评是一个敏感的话题，哪怕只是轻微的批评，也无法像赞美那样让人感到舒服。所以，在批评他人的时候，一定要注意方式方法，在态度上也得诚恳友好一点，这就如同润滑剂，能够减少摩擦，让批评进展得更顺利。换而言之，透过批评表现出自己的感情，从而获得对方的理解，感化对方，那才是卓有成效的批评。

第六章

聪明女人不生气，但懂得优雅地回应

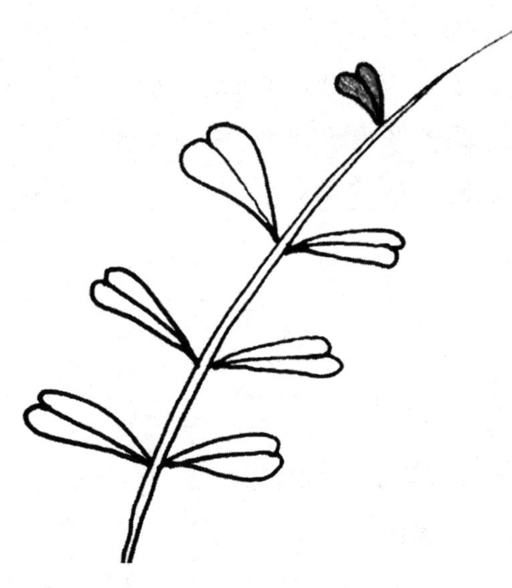

被人冒犯时，别急着发脾气

在生活和工作中，我们大都遇到过一些出言不逊的人，或是说话尖酸刻薄，或是刻意讥讽嘲笑。在听到这样的话时，若是按捺不住情绪，被对方激怒，失去理智，爆出粗口回应，一来会让场面更难堪或是无法收场，二来也会拉低自己的品位，毕竟当众对骂嘶吼不是什么光彩的事情。

相互争吵辱骂，不会给任何一方带来好处，只会扩大烦恼和怨恨。更何况，在对骂中没占得上风，无异于当众出丑，事后只能对自己的鲁莽和冲动懊悔不已；就算占了上风，把对方羞辱了一番，那又怎样呢？在旁观者眼里，也不过是一个满口脏话、没有修养的女人罢了。

如果只是一两句不起眼的微词，不理会倒也无妨，把宝贵的时间和精力用在与人争执上，实在不值得；为了不值得的人和不值得的事，在众人面前丢了自己的内涵，毁了自己的形象，更是得不偿失。对于他人的冒犯，就算达不到“爱敌人”的修养程度，也至少要爱惜自己，别让他人影响自己的情绪和形象。

凡事也有例外，如果有些话涉及个人的尊严，或是带有人身攻击的性质，一味地妥协很有可能会让对方变本加厉，下次依旧出口伤人。保持一份宽容的胸襟固然重要，而维护自己的尊严同样重要，在面对他人不怀好意的言语攻击时，不妨学一点儿回击的技巧。

以子之矛，攻子之盾

20世纪30年代，日本美术界的一位泰斗到美国哈佛大学进修深造。有一天，他在街上碰到一群学生，他们站在他面前，用一种轻视的语气问他："Japanese，Javanese，or Chinese，which nese are you？"意思是说："你是日本人、爪哇人，还是中国人呢？"因为这些英文名称里，都有"nese"这个字，这些学生就借此嘲笑他。

一般人听到这样的话，必然会感到愤慨，何况还是一位大师级别的人物，怎可轻易受人侮辱？这位泰斗却很平静，他回应道："Monkey，donkey，yankee，which key are you？"他在询问那些学生："猴子、驴子、美国佬，你们是哪一种呢？"由于这些字的英文名称里都有"key"并排，他就以此反讽。结果，这群学生目瞪口呆，无言以对。

显然，这里就有"以子之矛，攻子之盾"的意味，依据对方讲话的套路回应他们。言辞中没有任何的愤怒之情，却依然能让对方哑口无言。

抓住关键，机智反驳

萧伯纳写的剧本《茶花女》即将上演之际，他派人给丘吉尔送了两张戏票，还附加了一帖短笺："亲爱的温斯顿爵士，献上戏票两张，望阁下能偕同一位朋友前来看演出，如果阁下这样的人也有朋友的话。”

很显然，萧伯纳是在嘲笑丘吉尔只有对手，没有朋友。对于这样一封算得上无礼的“邀请信”，丘吉尔很淡定，他给萧伯纳回了一封信，上面写道：“亲爱的萧伯纳先生，十分感谢您赠送的戏票，我和我的朋友因为有约在先，无法分身去看《茶花女》的首场演出，下一场我们肯定会去，如果你的戏有第二场的话。”

言语中没有透露出任何的愤怒情绪，却在礼貌的拒绝中，嘲笑了萧伯纳的剧本会短命，没有生命力。两人虽是针锋相对，却都显示出了各自的智慧，以及语言上的天赋。这样的回应，远远比直接回击和指责要高雅得多。

坦然笑对，有理有节地反击

每个人都有不完美之处，或其貌不扬，或身有残疾，或某方面能力欠缺，这些缺陷和不足往往会成为我们心中的“阴影”部分。当有人拿我们这些痛处取笑时，勃然大怒只会让他们更加得意，最好的办法是豁达地笑对，有理有节地反击，让攻击者无地自容。

患有小儿麻痹症的张某，曾经在工作上因不愿“网开一面”而被对方无理指责，还耻笑她是一个“跛丫头”，说她“一腿长一腿短”，就该“睁一只眼闭一只眼”。张某很生气，但还是不卑不亢地说：“我是一个残疾人，这是事实，但我的大脑没有残疾。虽然一腿长一腿短，可我两只眼睛瞪得大大的，按照规章制度走，没什么错。”她的从容坚定使对方不敢再蛮横下去，只好按规矩走。

当然，生活中还有一些善意的讥讽，它的目的是提醒你在某方面需要有所警觉，而不是让你出洋相。对于这样的话语，我们不该咬牙切齿地还击，而应分清是非、验证自我、改掉毛病。若是朋友之间的取乐并无恶意，也可以用机智幽默的回答来取乐对方。

大学校园的自习室内，一个男生与一个女生并排而坐。两人都是挺幽默的人，聊得挺投机，很快成了好朋友。这时，女生递过来一张纸条，纸条上写道："你知道我为什么同你说话吗？因为你长得很滑稽——相信你不会责怪我。"这位男生也写了一张纸条递过去，纸条上写道："你知道我为什么回答你？因为你长得很漂亮——相信你能理解我。"两人在幽默中相视一笑，关系不觉又进了一层。

卡耐基曾说过："讥讽是一把双刃剑，它既能刺伤他人，又能刺伤自己。"用得恰当，它就是利器，能够有效地回击他人，维护你的自尊，如果用得不当，便可能给你惹来祸端，陷你于不义之中。

对女性来说，不要认为自己伶牙俐齿，就到处挑战，稍不如意就挖苦嘲笑他人，这样不但伤害了别人的感情，也使自己被孤立，成为众矢之的。讥讽是回击别人、维护自尊的应变策略，不是用来为自己寻找发泄对象的武器。

装装傻，糊涂才是真聪明

相传，宙斯命令珀尔修斯去捕杀精明的魔女墨杜萨。墨杜萨为了逃过珀尔修斯的慧眼，摇身一变，化作了他的爱妻安德洛美达，招摇于市井之间。珀尔修斯故意装傻，人魔为亲，把家里最好的宝物告诉了墨杜萨，还不停地说自己耳聋眼花，难以担当大任了。

第二天，墨杜萨悄悄地潜入珀尔修斯的庭院，想要盗取宝物。珀尔修斯假装午睡，故意装作什么都不知道的样子。墨杜萨以为自己得逞了，却不知道她其实早已经落入了用糊涂编织的包围圈。宙斯见此情景，脑海中第一次形成了糊涂亦为智的概念。后来，他把珀尔修斯称为英雄的仙子，还把他列为星座。

古人有云：“水至清则无鱼，人至察则无徒。”

世上有些事情必须是泾渭分明的，可若不是原则性的大是大非，就不必斤斤计较，争个清楚明白，假糊涂才是真聪明。同样，在人际交往中，很多时候说话也不可太过明白真实，尤其是遇到那些容易产生分歧或是难以回答的问题，用含糊的语言或是假装糊涂的方式回答，就可以巧妙地从困境中解脱，避免尴尬。

有一次，辜鸿铭乘坐汽车，欣赏着窗外的景色。半路上，上来几位年轻的外国人，对辜先生身着长袍马褂、留着小辫子的形象评头论足，非常不恭敬。面对这样的情形，辜先生不动声色地从怀里掏出一份英文报纸，从容地读起报来。

几个外国人一看，笑得前仰后合，连声说：“瞧，这个中国人不懂英文还看报，报纸拿倒了都不知道。”等他们笑够了，辜先生慢条斯理地用纯正的英文回应说：“英文这玩意儿，太简单了，不倒过来看，实在没什么意思。”听到这句话，刚刚还在嘲笑辜先生的几个外国人觉得很震惊，再不敢说那些轻薄无理的话了。

辜鸿铭先生是学贯中西的有名学者，在几个外国青年的嘲笑下，他没有拍案而起，而是故意装得很蠢的样子，倒过来看报，之后却用一句流利的英文回击了对方的浅薄无知。

讲到这里，可能有人会问，到底在什么样的情况下，可以用装傻的策略呢？

想拒绝他人的请求时

很多女性朋友都曾遇到过“借钱”的难题：朋友开口向你借钱，而你手头也不宽裕，或是有其他的打算，看着朋友诚恳的样子，一时间不知道怎样答复。为了避免两个人都尴尬，或者因此闹得不愉快，此时完全可以试试模糊语言。

朋友急于凑房子的首付，向Lily借钱，Lily当时不太想借给朋友，一是家里装修需要用钱，二则有一部分钱是定期存款，她不想提前支取。她对朋友说：“我现在手头不宽裕，好在有一套房子出租着呢，只是得过几个月才能收到今年的租金，那样的话才有富余的钱借给你，你看行吗？”

Lily的一番话说得很漂亮，没有说不借，也没有说马上借，而是说明了自己的苦衷和缘由，字里行间透露着这样的信息：我暂时没有多余的钱，一时间拿不出来；我也不是富贵之人，就靠收点房租维持生计，我在尽自己的能力帮你；过几个月再来拿，也没有说出明确的时间，到时候是否借不借，也是未知。其实，Lily明知道朋友急着买房，而且差的钱也不是很多，显然不可能等上几个月。

朋友听Lily这么说，心里自然也明白了，可人家说得合情合理，他也没什么怨言，毕竟，Lily没说不帮自己，只是需要等一等。借钱虽然没有成功，可至少彼此的情面还在，他也没有理由去怨恨Lily。

遇到难以回答的问题时

基辛格博士曾经担任美国安全特别助理和国务卿，是一位幽默睿智的外交家，善于应对那些重要的场面。1972年5月，他跟随尼克松访苏结束后，就前往德黑兰做短暂的停留。抵达德黑兰的那天晚上，伊朗首相邀请基辛格去看舞女帕莎的演出。帕莎的舞艺十分了得，基辛格看得出了神，演出结束后，他还跟帕莎交谈了许久，之后才回到住所。

第二天，在总统的座机上，开始有人就基辛格和帕莎的交谈之事做文章。美国《纽约时报》的一位记者向基辛格打趣："你喜欢帕莎吗？"面对如此唐突而不怀好意的戏弄，一般人肯定会觉得很尴尬，不过，基辛格显得很从容，他一本正经地说："她是个媚人的姑娘，对外交事务很感兴趣。"这位记者会意错了，继续追问："是真的吗？"基辛格严肃地解释："这还有假？我们一起讨论了限制战略武器的方案，我还花费了很长时间给她解释，如何把导弹安装在潜艇上。"听到这里，记者才知道自己上当了。

对方既然提问，就理应回答，至于如何迂回地达到躲闪、回避别人问话的目的，就是一种智慧了。既不会让对方显得太难看，又维护自己不能说、不便说的原则，真则假之，假则真之，正话反说，反话正说，让对方被迷惑，而后体面地从尴尬中抽身，这就是基辛格所用的佯装糊涂之法。

✺ 心知肚明却不方便讲时

有时，我们可能心里明白一件事是怎么回事，却不好意思直接说出来，怕伤害对方的自尊，影响彼此的关系。对于这样的情况，一样可以用“装糊涂”的方式来解决。

某学校的一位物理老师在一次课后发现实验室里丢了几面凸透镜。课后，她偶然间发现有几个调皮的男孩拿着凸透镜在阳光下玩，而凸透镜上的标签更让她肯定，那就是实验室里丢的那几面。

学生们和她四目相对时，神情显得很慌张，她知道如果这时直接说出实情，会伤害几个孩子的自尊心，毕竟这也算是“偷窃”的行为。女老师很聪明，她故作糊涂地说：“谢谢你们啊！昨天我在实验室准备实验，发现少了几个凸透镜，我想是搬迁的过程中丢了。我沿途找了好几遍都没找到，谢谢你们啊！这样吧，你们继续做实验，下午把它们给我送到实验室就行了。”

下午，学生们主动把凸透镜还了回去，从此对女物理老师也变得更加尊重了。在她的课上，原本调皮的学生竟也听话多了。女老师心里明白，这都是因为她帮几个学生摆脱了尴尬，照顾了他们自尊心的结果。

揣着明白装糊涂体现的是一种人情的练达。人生数十年，我们会遇到种种难堪的情境，在这样的场合下，少点斤斤计较，多点宽容大度，做出退却的姿态，说两句“糊涂话”，既能保护自己，也能成全他人，何乐不为。

不方便直说，大可避实就虚

在某些特定的情况下，就一个问题不想或不能做出明确的回答，且知道说出实质性的答案会对自己不利，却又不能沉默时，最好的办法就是避实就虚。

当年，乾隆皇帝与爱臣刘墉游到避暑山庄，看到了一尊弥勒佛像。忽然，乾隆皇帝指着佛像问："他为什么对朕笑？"刘墉回答："皇上是文殊菩萨转世，是当今活佛，佛见佛故笑。"

其实，我们都知道，弥勒佛笑口常开，对谁都一样。乾隆这么问，无非是想为难一下刘墉。刘墉歪问歪答，机智地回答了乾隆的难题。不料，乾隆又突然问："他为什么对你笑？"刘墉回答："他笑臣成不了佛。"

多么机智的回答！刘墉刚说过，佛见佛故笑，如果还这样回答，自己也成了佛，和皇帝平起平坐，俨然会犯下大逆不道之罪。索性，他把"笑"解释成嘲笑，既回答了问题，又不会犯上，既保全了自己，又博得了皇帝的欢心。

避实就虚是处于被动的情境下经常用的一种语言战术，当形势对自己不利时，如果继续跟对方在原来的问题上纠缠，就会变得更加被动。这时候，逃避战场，转移中心，既巧妙应对了难题，还凸显了智慧。

孙女士是某教育局的人事科长，由于工作的特殊性，她经常会遇到左右为难的窘境。上级的话，她不得不听，有时违心的事也得去办；下级的事不敢随便答应，一旦开了先例，日后就不好开展工作了。她向亲近的朋友倾诉苦恼时，对方提醒她："你可以试着回避锋芒，这样既有正当的理由，也不至于得罪人。"听到这话，孙科长茅塞顿开。

有一次，孙科长认识的某领导想托她的关系把自己的侄子安插到某中学去做老师，这个要求俨然是不符合政策的，孙科长很为难，毕竟中间一旦出现问题，她要负全责，可直接拒绝吧，又会得罪领导。这时候她想起了朋友说的话，决定不直接"对抗"。

孙科长很热情地对领导说："行，我一定尽心尽力。您也别着急，先让您侄子把毕业证、档案材料准备好，送到我这里来。"

几天后，领导的侄子来了，但是只有档案材料，没有毕业证。他自学考试只通过了6门，尚未拿到毕业证，没有完备的资料，孙科长只好让他回去等候通知。

数日后，那位领导又打电话来过问此事，孙科长先说明了他侄子的情况，又解释说："针对这样的情况，局长您得跟那所学校的领导谈谈，只要他们同意接收，我这边就把关系转过去。"听到这话，对方自然也理解了其中的深意，只好回答说："那这件事先放放再说吧！"

官场上的矛盾、冲突使大部分人的生活都处于战战兢兢的战争状态。每天需要拒绝的人和事情往往有很多，直接拒绝必然不算是好方法。很多时候，试着去回避锋芒，你就会发现，事情可以变得简单许多。

避实就虚不仅是一种战术，而且也是人们在辩论中经常采用的手段。

美国的林肯总统在一次演讲时收到了一张纸条。他打开一看，上面只有两个字："傻瓜。"林肯沉默了片刻，随即镇定地说："本总统收到许多匿名信，全都是只有正文，不见署名。而今天正好相反，这位先生只署上了自己的名字，却忘了给我写信。"

幽默与激愤原本不相容，可在面对恶毒的谩骂时，林肯却能够控制自己的情绪，并从愤怒中超脱出来，利用避实就虚的方法有力地回击了对方。他的风趣回答不仅讽刺了那位谩骂他的人，也维护了自己的自尊和人格。

用"太极术"对付敏感问题

每个女人都可能会遇到一些比较棘手或敏感的问题，在不该较真的时候，就得学会灵活变通，把话说得圆满缜密，让对方无可挑剔。如果事事都上纲上线，不知道变通，那未免会走向较真的极端。

当代著名女作家谌容在访美期间遇到过这样一件事。

她受邀到一所大学演讲，台下的美国朋友提出了各种各样的问题，还有个别人提出了非常刁钻的问题，她都坦诚地一一给予了答复。有人问谌容："听说您至今还不是中共党员，请问您对中国共产党的私人感情如何？"

谌容敏捷地答道："你的情报很准确，我确实不是中国共产党党员。不过，我的丈夫是个老共产党员，我们共同生活了几十年，尚未有离婚的迹象，由此可知，我同中国共产党的感情有多么深。”

谌容在回答“对中国共产党的私人感情”这一敏感问题时，巧妙地偷换了概念，机智得体，顺理成章，任谁听了也挑不出什么问题。生活中，多数女人都曾碰到一些敏感的问题，总觉得如何回答都不妥当，这些问题里包裹着许多潜台词，一不留神就可能说错话。

碰到这样的情况，不要气急败坏，也不要讲不出话来，更不可随心所欲地回答，要知道提问者的用意，更要明白草率回答给自己带来的负面影响。不便直接回答的话，就绕个弯子一带而过；难以回答的棘手问题，就要学学“太极术”，柔韧有度，既保护自己，又体现出敏捷的才思。

职场里有很多忌讳，比如下属不能随便去议论上级的事。可偏偏有些员工就是喜欢从上司那里提前打探一些小道消息。

林雯是一家贸易公司的业务主管，属下有十几位员工，且都是清一色的“娘子军”。女人扎堆的地方，口舌是非就多，张莉就是其中之一，平日里最爱谈论八卦，打听小道消息。

临近年底的时候，张莉问林雯：“主管，年底老板会给您拿多少奖金啊？”

林雯笑着回应她：“你觉得，应该给我多少合适呢？”

“有人说，年后公司要裁员，是真的吗？”

“你是不是觉得咱们这里人太多，需要精简一下？”

“听说老板这次出差，签了一个大单，是不是？”

“你不希望如此吗？”

“……”

就这样，对于张莉抛出的每一个问题，林雯都回答得很巧妙。她并未直接回答张莉，也没有回答她想知道的“小道消息”，只是把她提出来的问题，像推太极一样又推了回去，让对方自己来回答这个问题。结果可想而知，张莉问了半天，什么实质性的答案也没得到。

大家都见过太极，它的特点就是“以柔克刚，以静制动，以圆化直，以小胜大，以弱胜强”。太极在绵柔中藏着一股强大的内力，让接收者可以感受到力量，却无力反驳。女性的特质中，柔性的成分较多，采用太极似的说话术，就是在温柔中夹杂锋芒，让对方在不易察觉的情况下，达到避开敏感话题的目的。在职场上，这种说话技巧非常有用。

苏敏从上百名应聘者中脱颖而出，进入最终的面试。她应聘的职位是公关部助理，该职位对员工的应变能力要求非常高。在最后一轮面试时，主考官提出的问题也都比较敏感：家庭和事业哪个重要？如何看待晚婚、晚育？上司对你有非分之想怎么办？

对女性来说，这几个问题都是和生活联结得最为紧密的，而且很难回答。好在，苏敏在应答时表现得很灵活，对这几个问题，她给出的回答考官非常满意：

“不管是工作还是家庭生活，女人的最大目标都是让自己活得有价值。我很想通过工作证明自己的实力，体现自我价值，可是相夫教子培养出人才的农家妇女，活得也同样有价值。更何况，一个成功的男人背后，往往站着一个伟大的女人，这个说法也是被世人认同的。

“每个人都希望鱼和熊掌兼得，可当两者不能够同时得到的时候，在一段时间内我会选择工作，毕竟生活要靠坚实的经济基础来维持。但我想，总会有合适的时候让我两者可以兼得，至于什么时候最合适，我想单位和上司也会替我考虑的。

“您能提出这样的问题，我非常感激，这说明贵公司的高层领导都是光明磊落的人。坦白说，我曾经从一家公司愤然离职，就是因为老板起了非分之念，而当初他们在招聘时也没有问到这个问题。相比之下，如果我有幸进入贵公司，自然会为事业倾尽全力。”

三个回答，都没有说出非常确切的看法，而是像打太极一样。她没有直接说明自己更看重事业还是家庭，但这样的回答恰恰体现出了女人刚柔相济的特点；为了工作晚结婚、晚生育，这是用人单位所希望，可若真的这样选择了，恐怕也会令人心生疑惑，所以她选择说自己对工作和生育的关系上持什么样的态度；性骚扰是职场女性最难以启齿的事，若直接回答怎么办，会让问话的人感到难堪，而她却讲了一个事例表明了自己的态度。

最终，苏敏被公司录用了。考官看中的是她说话做事懂得变通的机灵，尤其是在口才方面，再敏感的问题，也能轻松自如地应对。这样的人作为公司公关，面对种种不可测的意外，才能游刃有余地处理。

所以，遇到敏感问题，不要气急败坏，也不要讲不出话来，更不要随心所欲地回答，学学“太极术”，柔韧有度，既保护自己，又体现出敏捷的才思。让别人开心，也让自己舒服，何乐而不为呢?

灵活变通，避开陷阱的捉弄

在社交场合中，我们会遇到形形色色的人，也会遭遇种种不同的状况。当一些别有用心的人给你出难题，想让你掉进语言的圈套和陷阱时，就要学会随机应变，不能以某种规定的格式语言来应对。只有这样，才能避开他人言语的戏弄。

当年，一位美国记者想出周恩来总理和中国的洋相，就提出了一个刁钻的问题：“为什么你们中国人喜欢低着头走路，而我们美国人走路却昂首挺胸？”周总理立即回答说：“因为我们中国走的是社会主义的上坡路，要低头走；而你们走的是资本主义的下坡路，当然要抬头了。”这个绝妙的回答，让美国记者当场哑口无言。

想做到随机应变，不是那么简单的事，倘若平日里很少训练这方面的口才，就很难在遇到状况的时候即时地做出反应。这里有一些固定的语言技巧，有助于使我们出口的话更具灵活性，而不会轻易被抓到话柄，掉进对方的陷阱中，被对方捉弄。

巧妙地转变话锋

当你察觉到对方的话不怀好意或是针对你，抑或回答她的问题会惹来麻烦时，就要及时地转变话锋或话题，避免顺着对方的话茬说下去，而让人诟病。

某公司办公室里的一位八卦女，在午饭时间兴致勃勃地跟大家说："昨天，办公室主任和小张吵起来了，整个办公区都听见了。"而后，她又问身边的同事，"你听见没有？知道因为什么吗？是不是小张抢了主任的风头？"

显然，这个问题怎么回答都显得不合适，那位机灵的同事话锋一转："这么说你知道，是吗？"八卦女说："我也是听说的。""耳听为虚，眼见为实，经过这么多人传话，早就变形了。"话锋一转，她就保全了自己，没有卷入流言蜚语的旋涡中。

把话说得灵活一点

在交谈中，话语的灵活性非常重要，不然就可能被人抓住把柄。比如，当有人问你"有什么看法""认为如何"，而你又不方便表达自己的态度和观点时，就可以简单地回答"这件事我注意到了""我听说了"，但不要陈述自己的态度，如此，就拥有了话语的主动权。

给对方的捉弄找个台阶

有时候别人的捉弄并没有恶意，只是一时兴起，或者玩得过头了，这时候完全没有必要动怒，不然会显得自己没有风度。不妨给对方的行为找个好的理由，让彼此都有台阶下。

街头，几个正在打闹的小伙子在人群中摘下了一位姑娘的帽子，想看看姑娘有什么反应。没想到，姑娘非但没生气，还慢条斯理地说：“我的帽子很漂亮吧？”小伙子笑着说：“嗯，和你一样漂亮。”姑娘接着又说：“你是不是想仔细看看，给你女朋友也买一顶？”小伙子有点不好意思了，说道：“是啊，现在看完了，给你吧！”

以彼之道还施彼身

当对方无理挑事时，抓住他在语言上的破绽，以其人之道还治其人之身，一举扭转乾坤。

一次作家见面会上，有个年轻的小伙子笑嘻嘻地对女作家说：“听说你写了60多部作品，真高产啊！”女作家不设防地说：“是的。”小伙子接着讽刺道：“我能知道是谁帮你写的吗？”

女作家笑笑，接着问：“这60多部作品你都看过吗？”对方不知所措地点点头。“那我能知道是谁帮你看的吗？不然怎么会看不出作品风格的一致性？”

赞赏他人勿忘眼前人

《红楼梦》里的王熙凤绝对是一等一的口才高手。在林黛玉刚进贾府时，她是这样夸奖对方的美貌和气质的：“真有这样标致的人，我今儿才算见了！况且这通身的气派，竟不像老祖宗的外孙女，竟是个嫡亲的孙女。”看似是赞美黛玉，实则把贾府的“三春”也捎带上了，避免姐妹听了心理不平衡，而向她发难。

可见，赞此捧彼，也是避免给自己设置陷阱的一种说话技巧。

掌握这些说话的方法，不仅仅是为了保护自己的人格尊严，更重要的是让别人清楚地知道，你不是可以随意拿捏和取笑的软柿子，表面的温和不等于软弱好欺，那些不怀好意的说话者只会自取其辱。如此，外人便不敢轻辱于你。

运用模糊战术，不得罪任何人

在外交或商务场合中，说什么样的话，如何去表达一句话，都是要慎重的。尤其是对方提出一些尖锐的问题，而我们不便向对方传输自己的信息，或是对一些问题不愿回答又无法回避时，就要学会运用模糊语言了。

相传，王安石的小儿子伶牙俐齿，智慧超群，经常说出一些精妙的话，令四座叫绝。有一次，客人想考考他，就指着一个关着一只獐和一只鹿的笼子问他："你说，这笼子里关的哪只是獐，哪只是鹿？"这孩子从来没有见过这些动物，自然很难分辨。

思考片刻后，他回答说："獐旁边的是鹿，鹿旁边的是獐。"他没有指出到底哪只是獐、哪只是鹿，而是用来模糊的语言说出了"绝对不会错"的答案，博得了满堂彩，在座的人都不禁佩服他的机敏。

现代社会中，我们也经常会听到"模糊语言"。某国突袭了一个小国，占领了几座村庄。对这样的突发事件，既没有弄清楚它究竟是怎么回事，也不知道占领国的真实意图，是教训还是侵占？如果向对国际社会的和平与安定负有道义上的责任的国家做出反应，似乎有不太妥当，这时就可以利用外交字眼来说明自己的态度——“我们注意到了某某事件的发展……”“我们热切关注某某局势的变化……”。利用“注意到了”或“热切关注”的字句，并没有直接点明自己的观点，但又适时地证明了自己的态度，让自己仍然占有主动权。

模糊语言的存在和使用是有一定心理基础的。德国哲学家叔本华讲过一个“豪猪群居”的故事，它说明人类在相处时，无论亲疏远近，都应当保持适当的距离，而模糊与委婉就为保持这个距离提供了方法。同时，从语言学上来说，模糊语言也符合礼貌原则，说话人可以含蓄地表达出自己的真正意思，避免尴尬的场面出现。

法国大使在担任驻美公使时，参加一个各国使节的舞会，与他共舞的美国小姐问：“请问大使先生，你是喜欢美国小姐，还是喜欢法国小姐？”这个问题很难回答，如果说喜欢美国小姐，那势必有伤大使的自尊；如果说喜欢法国小姐，又很容易伤害美国小姐的自尊。

聪明的大使意识到了这个问题，旋即回答说：“不管是美国小姐还是法国小姐，只要漂亮，我都喜欢。”这句应变的话机智幽默，既不会辱没自己，也没有伤害美国小姐的自尊，不卑不亢，有趣得体。

模糊战术的本质，就是采用一种概念不清或者易引起歧义的语言，让对方不知道你所指的是何意。在日常生活中，我们也要恰当地使用模糊语言，让自己保持一定的灵活性，如此不仅可以融洽人际关系，也不至于在某些情况下招来埋怨。

举个例子来说，你和朋友一起上街购物，突然忘了拿一件东西，于是你说："请等我一会儿，我拿件东西就来。"这个"一会儿"，就是用的模糊战术，就算你拿东西的时间稍微长点儿也没有关系，因为"一会儿"的具体时间根本没有确定。如果你说"五分钟"或者"十分钟"，一旦超过了这个时间，你的朋友肯定会着急或不满。

在公司的管理问题上，运用模糊语言，也能够让言语变得有弹性，令人信服。

某员工一直嫌自己的薪水太低，工作不努力，消极怠慢。上司想要挽救他，给他一个改过自新的机会，于是在一次大会上这样说道："本公司的员工们大多兢兢业业，能够胜任本职工作。不过，有些员工一直不安心，工作态度消极被动，要知道，报酬是与工作业绩成正比的。"在这里，上司用的就是模糊语言，既表扬了努力工作的员工，又含蓄地批评了工作不认真的人。他没有伤害任何人的自尊心，但也巧妙地指出了问题所在。对薪资不满意的员工，听后自然知道该如何改善。

模糊语言在外交场合能有效回应尖锐的问题，但它需要具备高度的自信心，对事物有审时度势的战略眼光，且在运用时还要注意以下问题。

模糊语言≠语无伦次

有些人在表达自己的观点时，前后逻辑不通，说的内容非常零散，让人理不清头绪。这不是模糊语言，而是语无伦次，前者是一种语言艺术，后者却是思路不清、词不达意。模糊语言带来的是良好的交际效果，词不达意却只会让你的交际失败，给人留下不好的印象。

模糊语言≠含糊其辞

模糊语言只是不正面回答一些问题，但它让人挑不出什么问题，无论是态度还是表达方式，都体现出了合作与礼貌的原则。倘若对一个问题遮遮掩掩，顾左右而言他，这就等于含糊其辞了，它给人的感觉是敷衍回避、不友好。

所以说，如果你暂时对模糊语言的运用还不是太熟练，那么最好不要乱用。因为模糊战术与含糊其辞通常只有一线之隔，用不好反而会给别人留下糟糕的印象。我们需要在生活中深入了解它的真义，并多学习运用的方法，才能让它为口才增辉。

用同情心让对方甩掉偏见

当你遭遇了人生的寒潮，或是对某个人、某件事耿耿于怀、心存怨怼的时候，如果有人跟你说："你会有这样的感觉，我不怪你。如果我是你的话，也会有同样的感受，甚至做得还不如你。"你会不会瞬间感觉舒服许多?

没错，世界上最狡猾、最固执的人，在听到这句简单的话时，也会被软化。在我们所遇到的人中，大概有四分之三的人都迫切地需要同情，包括我们自己，如果用同情去代替指责，往往能够获得理解和好感。这一点，是口才大师戴尔·卡耐基亲自经历并总结出的经验。

奥尔柯特女士是《小妇人》的作者，有一次卡耐基在播音演讲中提到了她。卡耐基只知道她是在麻赛其赛斯的康考特长大的，也是在那里完成了那本不朽名作。但他一不小心出现了口误，说自己曾经到纽海姆彼雪的康考特拜访过对方的老家。如果他只说了一次“纽海姆彼雪”，或许还能够被原谅，可他接连说了两次。

之后，卡耐基收到了很多的信函和电报，多半都是质问和指责的话语，有的甚至直接侮辱他，一位住在费城却生长在麻赛其赛斯的康考特老太太表现出的愤怒尤为激烈。卡耐基打算给对方回一封信批判对方不懂得尊重与理解，但最后他还是控制住了自己的情绪，没有选择这种愚蠢的做法。

卡耐基换了一种方式，他告诉自己：“如果我是她，可能也会有类似的感觉。”两周后，他主动在电台里澄清了自己的错误。后来去费城的时候，他又主动给对方打了电话，说非常感谢她指出自己的错误，并为此事向她道歉，感谢她花费时间和精力帮自己指出错误。结果，老太太一改原来的态度，开始向卡耐基道歉，说自己不该粗鲁地发脾气。

遇到这样的事情，很多人心里都会不舒服，大概会想：人非圣贤，孰能无过？虽然是自己的错，也已经澄清了，就算是不理解，至少不用恶语伤人吧？此时，怨怼、不满、失望一定会充满内心，脾气暴躁者很有可能会予以回击。

幸好，卡耐基没有那么做，而我们也看到了，他选择了“同情”。这种做法，既抚慰了自己的情绪，也让对方意识到了问题所在。美国前总统塔夫特总统曾经总结出这样一条经验：同情是化解恶感最有效的药物。他有一部《伦理中服务》的著作，书中列举了一个很有趣的例子，他谈到如何让一个失望而有志气的母亲平息心中愤怒的火焰。

塔夫特总统写道："一位住在华盛顿的太太，其丈夫在政界较有威望。她缠着我近两个月的时间，说要我替她儿子安排一个职位。同时，她还请求议员中的几位参议员陪她一同前来，帮她做说客。然而，那个职位需要的是一位技术人才，经过有关主管的推荐，我已经委派了另外一个人上岗。随后，我接到了那位太太的来信，她指责我忘记了别人施予的恩惠，指责我原本不费吹灰之力就能让她快乐，我却不肯那样做。"

面对这样的指责和埋怨，让我们看看塔夫特是怎么做的。他也想过用严正的措辞去对付这个鲁莽而无礼的人，但最终他没这么做。他说自己明白一个母亲在遇到这种事情时的心情，又告诉她委任那样一个职位并不是由个人的喜恶决定的，是要找到一个非常合适的技术人才。他还表示，希望她的儿子继续在原来的岗位上努力工作，以期将来有所成就。果然，那位太太在接到回信后，为自己的行为向塔夫特道歉。

盖慈博士曾在他的著作《教育心理学》一书中写道："人类普遍地需要同情，孩子们会急切地展示他受伤的地方，有的甚至故意把自己割伤、弄伤，以博取大人们的同情。"

孩子如此，成人也不例外，他们会到处向人展示他的损伤，说出他们的意外事故、所患的疾病，尤其是开刀手术后的经过。可以说，自怜是一般人的习性。所以，如果我们想要获得别人的赞同，让对方甩掉偏见，就得先学会设身处地地同情他。

理解对方的反应

这一点是在遇到问题后，需要自己去完成的一个心理转变过程。听到对方说难听的话后，势必会觉得不舒服，但绝不能任由这种情绪蔓延，要试着告诉自己：如果处在他的环境中，和他有同样的经历，自己也可能会成为和他一样的人。他之所以会有这样的表现，不全是他的错。有了这种认识后，才能产生同情。

传递共情的感受

与自己的情绪和解后，接下来就要把这种同情传递给对方，让他感受到你的态度和诚意，最有效的说辞就是："如果我是你，大概也会如此吧！"这样一来，对方会觉得自己得到了理解和原谅，继而平复心情。多数人在这个时候都会主动反思自己的问题，为自己的行为感到抱歉。

这个世界上，最有力的回击不是坚硬，而是温柔与共情。一颗柔软的心，一句温暖的话，往往能撬开紧闭的心，让狂风大浪迅速转为风平浪静。

受人指责别生气，保持冷静

在社会交往或是工作中，每个人都可能因为犯了错而遭到指责，甚至有时自己没有错却被人无端地批评。对于这样的情况，很多人难忍心中的怨气，就恶语反击，与对方争吵。对女性来说，这种做法挺不明智的，不但自己的形象会受损，也解决不了问题。

张琪大学毕业后，在一家广告公司的创意部担任助理。有一次，总经办传来一份文件，要张琪转交给总监，说三天后必须拿出一个创意草稿。张琪把文件送进总监室时，总监正在打电话，示意张琪把东西放在桌上。可是，忙碌的总监在挂断电话后，似乎忘记了这件事，结果文件就被埋在案头了。

三天后，总经办开始向总监索要方案初稿，她却怎么也想不起来这件事，就打电话问张琪，还批评她办事不力。张琪既委屈又生气，心想：你是总监就了不起呀？就能随便诬陷人么？于是，她就跟总监理论起来，说到情急处还顶撞了总监。见张琪的态度强硬，总监也很生气，两人差点吵起来。没等公司劝退，张琪就主动辞职了。

细想整件事情的过程，张琪和总监在沟通方面都存在问题。对下属来说，工作中遇到上司的指责和批评是正常的事，先得判断一下是不是有什么误会，还是自己真的做错了什么？就这件事而言，张琪和总监都存在过错。此时，聪明的下属应该主动把责任承担起来，积极寻找解决方案，赢得领导的信任；作为总监，在关键时刻也得反省自己，不要碍于面子不敢承认错误，怕被人看不起。真正有能力的人，向来都是勇于承认过错的。

陈某是一位律师，最近接手的案子进展得很不顺利。事务所召开例会，同事赵小姐指出，现在的取证方法欠妥，这样下去很有可能会延期开庭，就提出了一个新的建议。没想到，陈某一听顿时火冒三丈，说：“你凭什么觉得你的想法就一定是对的？你知道我是怎么想的吗？别以为你学历高就了不起，你能干，那你自己干吧！我不奉陪了！”说完，起身就要走。

当着那么多人的面，赵小姐遭到这样的训斥和指责，自然也不舒服。不过，她知道在这样的场合跟同事争执绝非聪明的选择。她做了一个深呼吸，平心静气地解释说："对不起，陈老师，我没有别的意思，只是提出一个建议供大家参考。咱们一起工作好几年了，我觉得有些话直说比藏着掖着好。如果你觉得我说的不合适，权当我什么也没说好了；如果我说话的语气让你觉得不舒服，你就当我犯了职业病。您先坐下，咱们有话好好说，别因为一时冲动影响了咱们多年的同事关系。"

听完这番话，陈某也意识到自己刚刚的情绪过激了，于是，不好意思地回到了座位上。刚刚那股"山雨欲来风满楼"的紧张氛围，顿时也变得轻松了许多。

这一切，多亏了赵小姐的宽容大度、主动示弱。她没有直接跟对方翻脸，而是从同事之间的私人感情出发，诚恳地向陈律师道歉，还详细地说了两个"如果"，先消了对方的火气，而后才解释自己说话的真正意图，让矛盾顺利化解。

从这些事例里，我们不难看出。在面对他人的指责时，你可能一时情绪激动说了刺耳的话，可对他人造成的影响却不仅仅局限于此，还可能让原本简单的事情变得复杂难解。虽说没有人愿意被指责，可对待指责的态度还是要一分为二来看。

善意的指责，要虚心聆听

指责不一定都是刁难，要看对方是什么意图。倘若他是善意的，想提醒你某些方面做得不够好、不恰当，那不妨听听他的意见，或许真的对你有所帮助。一个人若听不进去他人的劝告，就会变得自恃清高、刚愎自用，对此你不妨这样回答："你说得对，我有时候太心急，就忽略了跟大家讨论的重要，下次我会更注意些。”

恶意的指责，要优雅回应

如果对方的指责毫无道理，千万记得要保持冷静，切不可与之争论。跟这样的人争吵是没有意义的，大可选择置之不理，就像戴尔·卡耐基说的那样，“没有人会踢一只死狗”，坚持自己是对的，就没有必要去过多地解释。

如果对方的话扭曲了事实，或属于恶意中伤，那么最好的办法就是以柔克刚，根据时间、场合、指责的内容，用不同的方式回应他，比如：“也许你说得对，我不是每件事都过问大家的意思，那你觉得我该怎么做，才能让团队协作得更好？”“你说的也许是对的，我原来没有这样的感觉，让我回去再想想吧。”

这样一来，你就不会因为指责而心情暴跌、赔上人情。更何况，见不贤而内自省，本身也是学习和提升自我修养的机会，它时刻在警示你：不可像他那般无理。

如何看待和处理他人的指责，其实也凸显了一个女人的智慧和修养。自卑的人会郁闷，自傲的人会生气，只有自信的女人才懂得合宜应对，运用智慧处理好人际关系，保持自己魅力和修养，获得真正的进步。

第七章

穿越荆棘丛，
让自己体面地解围

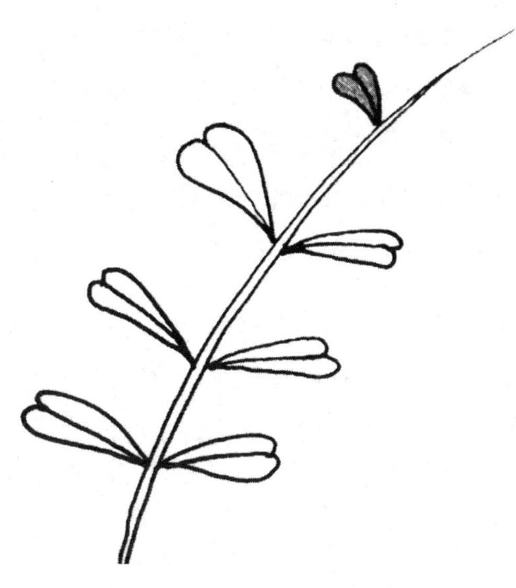

幽默来了，尴尬没了

不可否认，幽默的女人总能散发出一种快乐的磁场和一种亲和的感染力，让身边的人被她睿智的内心世界所吸引，这种魅力时常会让人淡忘她的外在条件。幽默能够凸显一个女人的风度、素养和内涵，也让人在轻松活泼的氛围中工作、学习和生活。

维娜和老板陪同客户到饭店应酬，点了一只龙虾。上菜后，维娜发现盘里的龙虾少了一只虾螯，就询问侍者。侍者无法解释，只好找来经理。经理很抱歉地说："对不起，小姐，龙虾是一种残忍的动物，您点的龙虾可能是在跟同伴打架时被咬掉了一只螯。"这样的解释听起来合情合理，如果直接反驳，显得很没有内涵，机灵的维娜笑着说："那么，您给我换一只打胜的龙虾吧！"

老板跟客户都笑了，笑饭店经理和维娜都很聪明。他们两个人都用幽默的方式指出了分歧所在，没有推卸责任，也没有批评对方，更没有伤及和气，既保护了饭店的声誉，也维护了客人的利益。

老舍先生说过："幽默者的心是成熟的。"

幽默，是建立在人对生活的公正、透彻的理解之上的，从某种意义上讲，女人培养自己的幽默感，也是在培养自己的生存、处世和创造能力。心智不够成熟的女人遇到事情往往会情绪失控，而真正成熟的女人就算遇到困境和僵局，也会用幽默的言语化解矛盾，让所有的不愉快在笑语中消逝。

一位年轻的男子在西饼店享受过午餐后，突然对店主素素说："对不起，我的钱包落在家里，今天恐怕不能付钱了。"店主素素是个温婉的女孩，不慌不忙地说："那好吧！我相信你。只不过，我的记性不太好，每天来来往往的人太多，我必须把你的名字写在门口的黑板上，同时记上你欠款的数目，来提醒自己记住这件事。"

年轻男子不满地说道："那岂不是每个人都能看见我的名字了吗？这实在有点太难堪了！"素素笑着说："别担心，我会用你的外套把你的名字盖住。"

素素说这句话的意思，其实就是想让这位赖账的男士把外衣作为抵押，让他对自己的行为感到难堪。果然，男青年犹豫了片刻，又假装翻了翻上衣的口袋，说："嘿，没想到，这里有钱，五十块，够不够？"素素接过钱，笑着目送男顾客离开。

明知道对方想赖账，可这样的话若说出来，绝对是不好听的，对方也未必会承认，甚至反咬素素诬赖自己，到那时场面就不好收拾了。反过来，把棘手的事以幽默的方式来处理，不仅心平气和，不伤谁的面子，还能如愿地达到目的。

英国作家霍雷思·沃波尔说过："世界对那些肯用脑的人来说是喜剧，对只凭感觉的人则是悲剧。"一个没有幽默感的女人，就像鲜花少了芬芳，只有形而没有神，总是外表光鲜，却总觉得少了一点点灵气。

遇到问题的时候，别把它看得太严肃，稍稍地给它注入一点幽默感，结果可能就会不一样。毫不夸张地说，几乎每个女人都有一点幽默感，只是有些女人比其他人表现得更明显些，这未必是她们与生俱来的一种能力，很多时候是靠后天的学习和积累，慢慢养成的说话习惯。那么，女性如何在生活中培养自己的幽默感呢？

保持乐观和自信的心态

幽默的心理基础是乐观和自信，一个终日悲观沮丧的女人很难有心情幽默。平时要培养自己的抗挫折能力，遇到麻烦时要向积极的方面想，不要一味地怨天尤人。唯有对自己的前景充满希望，才能发出由衷的笑声。要在生活中发掘幽默，用快乐来熨平生活留下的伤痕。

有善解人意的宽广胸襟

懂幽默的女人必定是智慧且善解人意的。她热爱生活，懂得如何用适当的方式面对难解之情，用微笑放松自己。这种幽默不是伪装出来的，一个心地狭隘、思想颓废的女人是难以有幽默感的，唯有对自己、对爱人充满信心和希望，才能发出由衷的笑声；即便脚下是沟壑，身处逆境，她也仍然对生活充满信心，用快乐来熨平人生里那些不可避免的伤痕。

加强知识与文化修养

幽默往往是有知识、有修养的体现，善于幽默的女人多半都有着渊博的知识和敏捷的思维，平日里观察事物有自己的角度，不因循守旧，在意有趣的事物，观点新颖，说出的话也常常带给人意料之外的惊喜。要做到这一点，就要试着多与人交往，多学习新的知识，有广博的知识才能够天马行空。如果词汇贫乏，语言表现能力不佳，那就多看一些幽默故事、机智故事、脑筋急转弯等，训练思维的敏捷性，丰富自己的词汇。

幽默的人生充满了乐趣。女人可以不够漂亮，不够有才华，但一定不能木木讷讷、缺乏情趣，学会和善用幽默，就可以把轻松的气息传染给身边的每个人，让生活变得丰富而有趣。

自嘲是勇气，更是智慧

不管一个人心思多么缜密，做事多么谨慎，都难免疏忽大意，无意中犯一些错误、说错一些话，当众出了糗或不小心得罪了人，虽然主观意愿上不想发生这样的事情，客观上却让氛围变得凝重而尴尬。遇到这样的情况时，该怎么办呢?

有些女性比较腼腆，遭遇了尴尬就会脸红、不知所措，甚至掩面而泣或匆匆走掉。其实，越是这样做，越会遭人耻笑，显得禁不起事，没什么世面。那些会处世的女性，会在别人生气盛怒、开口指责、嘲笑讥讽之前，放下面子，自贬自抑，爽朗地自嘲一番，扭转对自己不利的局面。

某大学的新生寝室里，几个女孩子商量着换床位的事。

A是个心直口快的姑娘，跟B争执了半天，看到B比自己稍小几日，就脱口而出这么一句话："好啦！你最小，是咱们寝室里的宝贝疙瘩。你姓汤，以后就叫你'疙瘩汤'了！"说完，寝室里的几个女孩子捧腹大笑。

说者无心，听者有意。B脸上长了不少痤疮，这本就是她的"心头病"，每每想起都捶胸顿足，现在被寝室的女孩子拿来做了笑料，她岂能不恼火？

笑过之后，A意识到自己惹了麻烦，心中懊悔不已。不过，她表面上倒是不急不恼，揽镜自顾道："蜷在两腮分，依在耳翼间，迷人全在一点点。我现在可真是'一波未平，一波又起'呀！"B听后，不禁哑然失笑，怒火都烟消云散了。因为A长了一脸雀斑，她那自嘲式的幽默缓解了刚刚的尴尬气氛。

不谙世事、口无遮拦的女人，遇事往往喜欢责备他人，试图用这样的方式来给自己找台阶；通情达理、会说话的女人，遇到尴尬的事时会以自己为对象来取笑，在欢笑与风趣中感动别人，获得自尊和自爱。

姑娘A虽然年轻，但处理问题的方式就很妥当，她知道自己说错了话，还未等对方指责，就自爆缺点，还大大方方地调侃了自己一番。这样一来，会让自尊受到伤害的B感到心理上的平衡，意识到其实每个人都有缺点，A那样说并不是刻意挖苦自己。

千万不要觉得自嘲是一件很丢脸的事情。自嘲表面上是嘲弄自己，实际上却是一种摆脱尴尬的应变奇术。一个女人敢于自曝其丑，恰恰展示了她内心的坦诚和大度，给人值得信任和亲切的感觉。有时候，羞羞涩涩、敏感多疑地维护自尊，倒不如坦荡地正视自己的问题，既融洽了气氛，还可以从侧面展示出自信与自尊。

一位女歌手在华丽的舞台上深情地演唱，不少人为之动容。就在曲毕谢幕时，她还没走出两步，就被麦克风的线绊倒在地。瞬间，华贵的衣装、娇美的身躯与狼狈形成了鲜明的对比，观众一片哗然。

女歌手并未露出慌张的神色，她急中生智地站起来，拿起话筒说了一句："我真的为大家的热情倾倒了。"这么一番有趣的自嘲之语，瞬间让杂乱声化作了笑声和掌声，女歌手也成功地为自己挽回了面子。

有时候，女人也会因为自身的长相、身材、缺点苦闷惆怅，担心别人异样的目光，对涉及此方面的话题敏感不已，久而久之，就被狭隘的自尊心束缚了。对于这样的事，与其躲躲闪闪、避而不谈，倒不如表现得超脱一点，自嘲自讽，宽慰自己，不仅能缓解烦闷的心情，还能避免别人笑话自己，显现出一种豁达。

有位著名的女演员体形肥胖，但她从不在意别人异样的目光，就算偶尔有人提到身材保养的话题，她也表现得很坦荡，还时常拿自己的体形开玩笑。她曾经当众说："我从来不敢穿白色泳衣在海边游泳，我一去，飞过上空的美国空军一定会紧张得要命，他们会以为自己发现了古巴。"一句自嘲，不仅没有降低女演员的品位，反让人觉得她性格可爱、爽朗。

自嘲，是迅速摆脱尴尬难堪的途径，也是困境中的应变妙招。对女性来说，如何才能学会自嘲的口才技巧，在运用自嘲时又该注意哪些问题呢？

自嘲的前提是自信

如果说幽默是智慧和力量的结晶，那么自嘲则是自信和勇气的结果。鲁迅说过："我的确时时解剖别人，然而更多的时候是更无情地解剖自己。"解剖自己需要勇气，自嘲同样需要勇气，一个敢于自嘲、懂得自嘲的女人，必定是个自信的、人际关系良好的女人。只有自信的人，才敢坦然承认自己的不足，甚至拿自己的不足开玩笑。

多点宽容，少点计较

一个心胸狭隘、斤斤计较的人，往往不懂得幽默，也不会自嘲。在他们看来，任何与自己有关的玩笑都是一种侮辱和伤害。其实，他们的潜意识里对自己缺乏一个客观、正确的认识，总以为摆出高自尊的姿态，就真的能赢得尊重，殊不知，真正的豁达是从容地接纳自己。

审时度势地运用自嘲

自嘲并不是任何地方、任何情况下都能运用的，你一定要审时度势，相时而动，比如，座谈讨论、对话答辩、调查访问的时候，就不太适合使用自嘲，否则就会冲淡气氛。

另外，自嘲时一定不要抱着玩世不恭的态度，这会起相反的作用。自嘲一定要是积极的，包含着强烈的自尊、自爱。这样的自嘲，表面看起来是自我调侃，其实是在以貌似消极、实为积极的方式促进双方向好的一面转化。

妥帖的借口是一剂润滑油

生活中，一提到“借口”两个字，很多人都会不自觉地把它和逃避、不负责任等联系在一起，大有那种“找借口非君子所为”的意味。千万别误会，我们这里所说的借口，不是欺骗，不带有任何损人利己的功利性，它只是人际交往中摆脱尴尬和不利局面的一种语言策略。

想象一下，遇到下面的这些情形时，你是什么样的感受——

· 交谈陷入了窘境，彼此都觉得别扭；

· 有人邀请你，你实在不愿应酬，又怕对方埋怨；

· 身处不喜欢的场合，与不投机的人待在一起；

· 想拒绝他人的不情之请，却担心得罪人；

· ……

是不是会觉得心里很压抑，迫切地想要结束不愉快的谈话，巧妙地回绝对方的邀请，以合理的理由拒绝对方的过分要求？那么，在这个时候，我们就需要运用“借口”策略了。它就像一剂润滑油，可以让我们把需要花费半天口舌也未必能解释清楚的问题顺理成章地解决掉，还可以避免不愉快的发生。

许扬在办公室里做年度报表时，秘书带着一位女士走了进来，说对方有急事要见她，已经来过好几次了。当这位女士坐下来之后，孙扬才意识到，她根本没什么要紧的事情，不过是想推销办公设备罢了。

出于礼貌，许扬没有直接让这位说话啰唆的人出去，而是找了一个借口。她先打电话叫秘书进来，之后写了一张小纸条给她。不一会儿，电话铃响起，许扬拿起电话说："出了什么问题吗？让我过去？我这里有一位客人呢！必须去吗？好吧，我马上来。"放下电话，许扬无奈地向这位女士耸耸肩、撇了撇嘴，说："没办法，我得出去一下。"见此情景，那位女业务员只好主动离开了。

在这里，孙扬用的就是"借口"策略。她在给秘书的那张纸条上写着："给我打一个电话。"秘书当然明白上司的用意。于是，她就利用这个借口"请"走了那位业务员，而她自己也能够安心地不受干扰地继续工作。

在生活中，有很多情况我们也可以用借口来处理和解释，这样既减少无谓的口舌，也让听者容易接受。比如，你约会迟到了，朋友明显地表示出不高兴。为了打破这个沉闷的氛围，缓和关系，你可以试着找一些合理的借口："不好意思，我出来的时候忘了带手机了，又回去取了一趟。""出门的时候，遇见了以前的一个同事，耽误了会儿。"

这些说辞没有任何恶意，却可以抚慰对方的情绪，让他知道你也不愿意发生迟到的事，并得到他的谅解，很快地消融不愉快的凝重气氛。可以说，在人际交往中，借口的作用不容小觑，适合时宜地运用借口，有助于人际关系的融洽。

那么，怎样才能把善意的借口说得合情合理，又有什么样的借口不能说呢？

找借口要周密，避免弄巧成拙

找借口的目的是为了更好地解释某些事情，所以这个理由听起来一定要真实可信，让对方觉得，倘若自己遇到同样的问题，可能也会如此。倘若不假思索信手拈来，对方会有一种被戏弄、被欺骗的感觉，这样的借口比直言相告更糟糕。

以非个人原因为借口

借口要灵活一些，最好是以非个人原因为由，让对方明白发生这样的事不是你的本意，而他也会赞同你。比如，在酒桌上，当有人对你劝酒时，可以说明："我胃不好，出来时家人特意嘱咐，少喝酒多吃菜……"没有人愿意承担恶化别人家庭关系，或是让对方身体出问题的责任，这样的借口比"我不会喝"要好得多。

损人利己的借口绝不能说

某先生和太太结婚十年，感情一直都很好。只是，有一段时间，太太发现他总是早出晚归、魂不守舍的，有时很高兴，有时失魂落魄，就问他怎么回事。这位先生含糊其辞，说话支支吾吾，惹得太太心生狐疑。后来，他终于熬不过太太逼问，说公司最近销售业绩很不理想，自己这个销售部主任正当其责。太太不信，生活中的蛛丝马迹让她怀疑他有了外遇。终于有一天，人证物证俱获，引发了一场家庭分裂，先生陷入了感情沼泽，痛苦不已。

像这样的"借口"就是坚决不可取的，它能够瞒得过一时，却瞒不过一世。而且，它具有伤害性，一旦戳穿了，会给别人带来严重的精神打击。

所以，在运用借口的时候，要本着不伤害他人、不带有欺骗性的原则，要能够促进彼此关系融洽、摆脱尴尬的情景，若真的是自己做错了事情，不妨坦白承认，向对方说明并道歉。说到底，借口是一种偶尔为之的口才技巧，而真诚才是为人处世之本。

巧打圆场，为他人解围

一家电器公司因为产品的售后问题，引发了不少消费者的投诉。闻讯之后，记者们纷纷到公司采访，恰好看到经理秘书正在向一群消费者解释。记者把目光都投射在那位年轻的女秘书身上，向她询问情况。

也许是年轻不经世事，也许是害怕承担责任，面对记者的轮番“轰炸”，她竟然说：“我们经理正在办公室，有什么问题你们还是直接采访他比较好。”此话一出，记者们一窝蜂似的闯进了经理办公室。经理无处可躲，只好硬着头皮一人应对记者提出的刁钻问题。

事后，经理得知秘书在公司门口所说的话，非常生气。他指责秘书没有事先跟自己汇报情况，弄得自己措手不及，丝毫没有处理公关危机的能力，一气之下直接把她解雇了。

公司的产品售后出了问题，对公司所有人来说都不是好事，此时，公司的领导最希望看到的就是下属能挺身而出，跟自己一起渡过难关，而不是把所有问题一股脑儿推到自己这里。至于那位女秘书，最终遭到解雇，也只能怪她不懂得打圆场，给本来就不明朗的现状来了一出火上浇油。上司正处于尴尬的局面，如果她能换种方式，给上司解解围、打打圆场，事情也许就会出现转机了。可惜，说出去的话就像泼出去的水，收不回来了。

在人际交往中，不管出于主观的、客观的、人为的、意外的或其他原因，尴尬的场面总会不时地出现，而且往往就是刹那间的事。若是无法镇静，大惊失色，那只会乱上添乱。聪明的女人肯定会冷静地观察局势，随机应变，用机智灵巧的语言打圆场。

其实，打圆场是一种社交技巧。当别人出乖露丑时主动解围，去给他找个“台阶”；由于自己造成失误时，要善于补救，自圆其说；与人产生不快时，少和“稀泥”，让对方少丢些面子，保持尊严。巧妙的圆场可以变坏事为好事，变难事为易事。

一次，齐白石在看护伍德萱的陪同下，参加了新凤霞的“敬老”宴会，当天出席的人中有不少文艺界名流。齐白石很早就听过新凤霞甜美的唱段，见到本人后，非常激动地握住新凤霞的手，仔细地凝视了一番，此举让对方觉得有些不好意思。他的看护提醒他说：“你总是盯着人家看什么呢？”这句话听得齐白石很不高兴，他反驳说：“我这么大年纪了，为何不能看她？她生得好看。”说完之后，脸都红了，看护一时间也不知道如何接应。

这时，新凤霞笑着说：“齐老，您看吧，我是唱戏的，不怕看。”旁边的人听了也凑热闹地说：“老师喜欢凤霞，干脆就收她做干女儿吧！”几句趣话，最后竟真的促成了一段佳话。

打圆场并不是随随便便地“劝和”，它是有技巧的。如果运用得不好，很可能会酿成火上浇油的局面，让事情变得更糟。要避免类似的情形出现，女人就得多学习一些打圆场的方法，让自己遇事不慌，化身为和平的使者。

用恭维的话来圆场，博人开心

从古至今，恭维的语言对多数人都有诱惑力。当一个人懊恼或不快时，旁人说几句得体的美言，坏情绪便会雨过天晴。因此，用动听的话语来打动人，求得他人的欢喜，同样也是成功解围的诀窍。

一位从官场上退休的老人，兴致勃勃地到水塘边去钓鱼，哪知钓了整整一个上午，却没有任何收获，心里十分懊丧。看到老人有些烦恼，女婿笑呵呵地对他说：“也许就是因为您在职位上太过清廉，所以钓不着贪图诱饵的鱼啊！”一句话说得老人笑逐颜开。

转移注意力，化解尴尬

体育比赛时，一个男生的衣服被压在下面，一时发火就把上面压着的那些衣服都扔了下来。另一个男生看到自己的衣服被扔到地上，气不打一处来，两人就此吵了起来。女教练见此，知道如果继续讨论衣服的话题，只会让矛盾激化，会影响运动员的情绪，她笑呵呵地打圆场说：“你们平时玩得那么好，今天是怎么了？对手都准备好了，正盼着咱们输呢！咱们现在得齐心合力，团结一致！”很快，两个男生就把注意力重新放回比赛上，至于衣服的事，谁都没再提。

用幽默化解难堪，缓和气氛

任何场合，拥有幽默口才的人都能获得众多的支持和理解。

有一次，美国前总统里根正在白宫钢琴演奏会上讲话，突然，他的夫人南希一不留神连人带椅子跌落在地毯上。观众席间一阵惊呼，南希却非常灵活地爬起来，在二百多名宾客的热烈掌声中又回到了座位上。

正在讲话的里根看到夫人没有受伤，便说了一句话："亲爱的，我不是早就对你说了吗，在我的讲话没有赢得掌声时，你才应该表演你的节目。"里根这句俏皮话轻松地化解了这场尴尬，让大家都为他的机智、诙谐而热烈鼓掌。

巧用吉言，消除不快

在别人处于僵局之时，巧妙地利用这种心理，有针对性地选择对方易于接受的话语来博得他的欢喜，之前不快的心理就会因为得到吉言的抚慰而消释，甚至还会产生欣喜的感受。

在一次热闹的婚礼上，各位宾客正高高兴兴地向新郎新娘祝贺，谁知，一位客人不小心把一只精致的茶杯摔得粉碎。在场的人们立即被这个意外打断了话题，音乐戛然而止，气氛由轻松蓦地变为紧张。而那个碰掉杯子的人，自然也成了众目睽睽的对象，他本人感到非常窘迫，不知如何是好。大家都知道，如果不尽快解除这种困境，欢乐的婚礼必然会被蒙上一层不愉快的阴影，兴许还会给新婚生活留下不祥的预兆。

这时，一位思维敏捷的人灵机一动，出人意料地又摔了一个茶杯。大家正在惊奇之中，他当众说道："一'碎'加一'碎'，这叫岁岁平安。”这句大吉大利的话引得众人哄堂大笑，紧张气氛顿时化为乌有，婚礼的气氛重新热烈起来。

故意曲解，巧打圆场

在交际活动中，因为彼此了解不多，往往会做出一些让对方难以理解的举动，使得局面变得紧张、尴尬。这时，可以采用故意曲解的方法，把让对方迷惑不解的举动曲解为寻找友谊的表示，尴尬的形势就能在顷刻间得到扭转。

赵女士朋友到家里来聊天，不知不觉就到了用晚餐的时间。她五岁的儿子跑了进来，趴在她的肩膀上说悄悄话。赵女士不耐烦地训斥儿子：“不懂礼貌！当着客人的面咬什么耳朵？有话快说！”儿子听了他的话，大声说道：“爸爸说，家里没有准备，不要留客人吃饭。”

一时间，赵女士和朋友都愣住了，这有多尴尬啊！该怎么解释呢？赵女士脑筋一转，伸出手在儿子的脑袋上轻轻弹了一下，然后说：“小家伙！我不是告诉过你吗？只有喜欢吹牛、好赌钱的小舅来的时候才能说这话，你怎么弄错了？”

为人处世想要处处得体，受人欢迎，就要掌握圆场的技巧与方法。生活中，唯有那些深谙人际交往，懂得圆场的人，才能在复杂的人际关系中处处顺畅。

被人揭短时该怎么回应

生活中，你一定看过或经历过这样的时刻：对于一某件事情说了个谎，或夸大了事实，或轻描淡写了严重性，本以为能“蒙混过关”，赶紧把这个话题结束掉，却不料半路杀出一个快嘴的人，把事实抖搂了出来，揭了你的短。

很多时候，对方并没有恶意，他们可能是和你关系比较亲密的朋友、同事或亲戚等，可被揭短的那一刻，依然会觉得面子上挂不住，弄得场面很尴尬。承认吧，觉得挺憋屈的；不承认吧，又张不开嘴。到底该怎么做才能摆脱困境，把被揭短的尴尬巧妙地消解掉呢？

首先可以肯定的是，一定不能反唇相讥！有些女性自尊心特别强，听不进一点儿“重话”，动辄就像连珠炮一样反讥，唇枪舌剑，让原本只是有点尴尬的场面，顿时弥漫上争吵的硝烟。对方的初衷可能只是想开个玩笑，没想到招来了针锋相对，脸上肯定挂不住。结果我们都想得到，以后彼此的关系很可能就僵了，而这种做法也会给旁人留下心胸狭隘的印象，今后没有谁再敢轻易跟你说玩笑话。

至于该怎么应对被揭短的情形，这里有一些小建议，大家不妨谨记于心，以便将来有需要的时候，可以挑选合适的方法进行自我调节。

杜绝胡乱猜疑

有些女性比较敏感，对别人说的每一句话都会琢磨一番，想着是否有潜台词、话外之意？这无异于自寻烦恼。在许多场合，对方往往只是随便说说，或即兴开一个玩笑，没有想过要伤害谁、令谁难堪。所以，若不是很有针对性的揭短，就不要胡乱猜疑，给自己找不舒服。

急中生智，幽默回应

对于揭短这样的事，最好的办法还是急中生智，用幽默的方式来回应。这样的应对办法不仅能帮你摆脱尴尬，还会给你增添风采，让你更加受人欢迎。

小陈向朋友吹嘘：“我最近在报纸上发表了一篇文章，编辑很欣赏，读者也很喜欢。”没想到，旁边的男友突然揭了她的短：“不怕被人笑话，别听她胡说了，她那个哪儿叫文章啊，就豆腐块那么大，小文章！”

这样的情景确实又扫兴又失面子，不过，小陈反应快，接过男友的话就说：“小文章怎么啦？大作家的作品里也有很多知名的小文章。不信，你去问问曹雪芹！”此话一出，男友和朋友都笑了，觉得小陈说得甚是有理。

让刁难者体会你的感受

如果揭你短的人是别有用心，与你有怨仇，试图让你出丑，那么你不但在话语上要给对方迎头一击，还要在实际行动上表明你的本事。因为，这不仅是在揭短，更是在进行某种恶意的攻击。如果你羞怯不已，既不能机智地改变处境，又不能正常地保持沉默，那就显得有些失态了。在社交场合中，这样的方法非常不可取。倘若不愿意用话来回答对方，那么不妨保持淡定自若的风度，把揭短的事放到一旁，找一些别的话题。你可以喝一杯茶，谈点有趣的事，转移别人的注意力，这才是明智之举。

换个话题打破冷场的尴尬

在日常交谈的过程中，我们所谈论的话题不只有一个，在不同的情况下适当地转换话题，是再正常不过的事。话题的转换，有时纯属随意的行为，根据交谈者的兴趣爱好，话随意至，意随话兴，并没有特别的目的，只是很自然地变换。倘若在交谈中遭遇了冷场，为了改变这种状况，摆脱尴尬，可以用机智的语言来转移话题。

在一次总统答谢宴会上，卢森堡总理梅努奇带着自己国家的访问团来到宴会大厅，在相互致辞之后，双方就座。这时，美国总统威尔逊走到梅努奇身边，寒暄了一番之后，便接着以前的话题说："关于食品运输和价格的问题，我相信阁下已经有所关注了吧？"

其实，梅努奇此次组织访问团来美国，就是准备进口一些国内奇缺的食品，只不过双方的代表在谈判的时候，一直没有就此问题达成协议，原因是美国以势压人，把食品的价格抬得很高，如此一来，加上运输费用，运进国内后食品的价格就会非常高。

这时，面对威尔逊总统的询问，梅努奇总理微笑着说："总统先生，十分感谢您的热情招待，我和我的随行人员，为贵国的热忱感动不已。"梅努奇不想继续谈论食品的问题，可又不想在回答上失了外交礼节，所以他巧妙地把话题转移到了感谢总统的热情招待上，让威尔逊不便再询问，避免了不快的情景出现。

这是外交场合中一个非常经典的话题转移的案例，梅努奇的巧妙应答，着实凸显了他机智灵敏的口才。那么，在日常生活中，我们在什么样的情形下需要刻意地转换话题呢？这里做了一些简单的归纳总结。

· 会谈出现冷场的时候，要注意转换话题；

· 谈话内容太枯燥，或者过于高深，无法再继续谈下去的时候要转换话题；

· 交谈中有人说错话，或是出现了意外的尴尬局面，为了掩饰需要转变话题；

· 意见产生分歧，而又不便争论或不必争论、不想争论时，可以另选话题；

· 原来的话题没有实际意义，可能导致低级趣味，或者有可能伤及他人时，要转换话题；

· 对方对此话题没兴趣，甚至出现厌恶情绪，或者对方发泄不满时，要及时改变话题；

· 话题涉及他人隐私和忌讳时，要停止谈论，转移到其他事情上去；

· 代表公司洽谈生意时，双方因为某一问题僵持不下时，可改谈其他话题；

当一个话题继续下去，会让气氛变得冷淡，或是遭人嘲笑，就要及时应变了。不过，转换话题绝非乱打岔，倘若方式过于僵硬，会让彼此感到别扭。通常来说，想要不着痕迹地变换话题，就要遵循以下几点原则。

转换的话题跨度不要太大

如果你跟朋友谈论某位作家的一部小说，对方表示没有看过，这时候你完全可以转换到这个作者的其他作品，抑或转移到同类题材的作品中，或是阐述一下作品的观点之类，由此引发出其他的话题。千万不要生硬地转换到经济领域，之后又谈运动，这样左一句右一句，会让人摸不着头脑，以为你什么都不精通，故意卖弄。

上下话题的衔接要自然

在某单位举办的一次退休欢送会上，一位老同志感慨万千，说他这辈子从来都没得过“优秀工作者”的称号，实在太遗憾了。恰好，这番话让一位年轻的小伙子听见了，他与老同志在同一个部门工作，之前跟这位老师傅有点过节，于是就来了一出“火上浇油”，不饶人地说：“真不是您不优秀，要说，还是我们不好，我们从来没有提您的名。”

可想而知，老同志听到这样的话自然很生气，只是碍于面子没有跟年轻的小伙子争执。当时，场面显得很尴尬，谁也不知道说什么好。

这时，一个刚刚参加工作不久的女孩站出来，说：“是啊！老同志们平日里都把机会让给我们了，把时间和精力都用在指导年轻人上，我就经常受到某老的指点，以后您不在厂里了，我找谁倾诉烦恼呀？某老，您以后有什么安排呀？什么时候方便，我要找您拜访取经！”大家顺着女孩的话题聊起来，都说要找老同志去聊天，刚刚的尴尬烟消云散，气氛又重新活跃了起来。

无疑，女孩的话题变换得非常巧妙，本来大家都关注着“从来没有提您的名”这件事，她却把老同志“被动评不上”的问题变换成了“帮助年轻人，主动把机会让给年轻人”，瞬间把老同志的素质“抬高”了。

同时，她也表达出了自己对老同志的尊重，感激他给予自己的帮助，以此引出“以后找谁来倾诉烦恼”和“退休后有什么安排”的话题，这是所有退休的员工都很关心的话题，大家你一言我一语，气氛活跃了，老同志自然也不会有“人走茶凉”的惆怅感。女孩不动声色地转换了话题，不仅避免了难堪的场面，还挽回了老同志的面子，确实值得效仿。

向对方提问引出新话题

当某个话题告一段落，气氛有些冷淡时，可以选择向对方提问。当然，提问也是一门学问，千万不要让对方为难，更不要问超出对方知识水平的问题，或者打探对方的隐私。

同时，问题最好有一定的延展性，切忌一问一答式的提问，这样会显得非常刻板。比如，家里来了一位南方客人，你如果问“您刚到北京吧”，就不如问“这次来北京有什么新的感触”，后面的问题更容易打开对方的话匣子，让氛围自然一些。

向对方介绍一些人和事

谈话出现冷场时，你可以试着提出一个多数人都比较感兴趣，且有可能发表看法的人和事，重新引出话题。你还可以用闲聊的方式，与一两个人聊聊家常，问问无关隐私的生活情况，引出众人关注的话题。如果实在找不到话题，就看看天气或是周围的事物，发表点看法，引起议论，一旦进入聊天的气氛，话题自然就来了。

不要随意转换对方的话题

如果别人谈论的话题你不熟悉，也不太喜欢，想聊点儿其他的，不妨试着把对方说的重点换掉，但千万不要转换领域。比如，对方正在滔滔不绝地谈论着旅游胜地，而你没有去过那个地方，也不太了解，但你知道那边的一些美食及其历史，也可以借此转移话题。

最忌讳的方式，就是在别人说得兴致勃勃的时候，突然打断对方的话，或直接转移到毫不相干的领域，这会让对方觉得很扫兴，也会显得你自己缺乏修养。

说了这么多化解冷场的方法，有一点是共通的：聊天的话题一定要有趣且有益。曲高和寡会让别人不知如何接话，淡而无味同样会让人觉得无聊。这就需要我们平时多看点书、多学点知识，积累素材，这样才能在关键时刻凸显出自己的内涵与魅力。

回天有术，让口误绝处逢生

无论是头顶光环、万人瞩目的名人，还是芸芸众生中的普通一员，谁都有可能在言语上出现失误。若是无关紧要的话，错了也就错了，顶多招惹一番哄笑，谁也不会太往心里去。可若在特殊的场合犯了严重的口误，有可能引起歧义或纠纷，闹得不愉快，就必须赶紧想办法补救，既挽回自己的面子，也避免麻烦。

当年，司马昭与阮籍一同上朝，忽然有侍者来报告：“有人杀死了母亲！”阮籍是一个放荡不羁的人，他随口就说了一句：“杀父亲也就罢了，怎么能杀母亲呢？”此话一出，满朝的文武大臣就开始议论了，认为阮籍“抵牾孝道”。

阮籍也意识到自己说错话了，惹得同僚们非议，他连忙解释说：“我的意思是，禽兽知其母而不知其父，杀父就如同禽兽一般，而杀母者连禽兽也不如。”这一席话说得合情合理，面面俱到，众人也无法辩驳，而阮籍也躲过了杀身之祸。

从这件事上不难看出，发生口误之后，及时地想办法补救，往往能杜绝很多麻烦。就像阮籍一样，巧妙地引用了一个比喻，不知不觉偷换了概念，平息了众怒，保全了自己。在生活中，我们也要学会在失言时给自己找个“台阶”，越过荆棘丛。

道理大家都懂，可真到了关键时刻，很多女性朋友就慌了，完全不知道怎么处理。

楚莉是一名空姐，职业缘故，她们经常会接受一些特别的语言训练。可即便如此，在平常的工作中，还是难免会出现口误。

有一次，楚莉本着顾客至上的精神，热情地为乘客服务。当她询问一对外籍夫妇他们的孩子是否需要早餐，令人感到意外的是，男乘客竟然用中国话告诉她：“不用了，我们的孩子吃的是人奶。”楚莉没有听清楚，为了表示诚意，她又补充了一句，说：

“噢，是这样啊！如果您的孩子需要早餐，请随时通知我好了。”

外籍夫妇被楚莉的话惊呆了，片刻之后大笑起来。楚莉这才明白对方刚刚说的话，她还是个未婚的姑娘，为了这句口误涨红了脸，不知如何是好。

其实，对这样的情况，楚楚若能补充一句“我们在飞机上准备了一间哺乳室，如果你们需要的话，可以随时通知我，我送你们过去”，尴尬的局面就化解了，还能给人留下素质高、服务周到的好感。

化解口误带来的尴尬，要有处变不惊的心态和足够的智慧，当然也有一些可以学习的技巧。

● 将错就错，顺着口误说

意识到自己说错话后，不对它进行纠正，而是接着错话往下说，在说的过程中进行解释和意思的延展，最终让听者感觉，原来你说得没有“错”。

婚礼上，司仪过于兴奋和激动，在讲到婚姻需要经营时，说错了话：“婚姻需要经营，就像机器需要润滑剂，你们现在好比是一对旧机器……”其实，他想说的是“新机器”，可话已经出来了，恰好两个新人又都是离异的，场面一时颇为尴尬。

这时，司仪稍微停顿了一下，不慌不忙地说：“一对旧机器，已经过了磨合期，接下来就是最美好的日子了。”此话一出，场面瞬间热闹起来，司仪不仅弥补了自己的失言，还让这一段成了点睛之笔。

对错误的言辞进行引申

引申的方法就是，在说错话之后，对那句失言进行补充，用后来的观点吸引别人的注意力，而逐渐淡忘前面的口误。

上海东方卫视的一位女主持人曾经在一次大型节目中发生过口误。参会嘉宾中有一位叫南新燕的老先生，是当地一所大学的教授，由于时间仓促，准备不是太充分，这位女主持人望文生义，说成了“南新燕小姐”。当这位头发花白的老教授站起来，现场哗然一片。那一刻，老教授和女主持人都觉得有些尴尬。

好在女主持人反应快，连忙说：“非常抱歉，我望文生义了。不过，您的名字让我想起了一首诗：‘旧时王谢堂前燕，飞入寻常百姓家’，充满了诗情画意的美妙图画。今天，古老的京剧艺术也首次飞过琼州海峡，到海南落户，京剧作为国粹，也从遥远的北方飞到南方，从宫廷艺术飞到平民百姓的舞台上，这是一幅更美更妙的画。”

这段对口误的弥补，凸显出了女主持人渊博的知识和临阵不乱的风范。一首古诗把所有人的注意力引开，让自己和对方从尴尬中走出来，还营造了非常美好的氛围。

把错误移植到“某些人”

如果自己不小心说错了话，不妨让“某些人”来背一下黑锅。比如，在说出一个观点时，可以解释为：“这是一小部分人的观点，绝大多数人都认为……”这样一来，不但说出了正确的观点，还让对方觉得，刚刚出现的口误不属于你，并加深对你的印象。

借助另一层类义项诠释口误

在一次热闹的婚礼上，新人及其亲友们都沉浸在兴奋和喜悦中，漂亮端庄、巧舌如簧的女司仪更是为婚礼大大添彩。可谁也没想到，在宴会的中途，女司仪竟然出现了严重的口误："各位来宾，今天晚上为新浪新娘送来花圈祝福的还有……"谁都知道，花圈是用在葬礼上的，在如此喜庆的场合说出这样的不祥之言，可想而知，会引起众人多大的反感。她刚说完，热烈的场面就变得安静了，众人面面相觑。

旁边的助理赶紧提醒女司仪，老练的女司仪不慌不忙地说道："很抱歉，我原以为美丽的新娘是朝鲜族人，因为韩国人结婚时亲友都送花……（双手合抱，意味着'圈'字）。"

女司仪这样的解释，顺利地帮自己摆脱了尴尬，也给了众人一个满意的"交代"。

用风趣自嘲的方式解释

名嘴崔永元在一次节目中，错把"勿以恶小而为之，勿以善小而不为"的作者说成了孟子，不少观众听后纷纷致电致信，指出他犯了不该犯的错误。

为了弥补这个口误，崔永元后来在《实话实说》的"小事不小"这一环节中，特别提到了这件事，他是这样解释的："……我给孟子打了电话，他说他好像没有说过这句话……我特意买了一本《三国志》，从里面查到了这句话的出处。我错了，在此我向全国的电视观众，特别是给我写信的观众朋友致以谢意和歉意。"说完，他朝着台下深深地鞠了一躬。

当着那么多观众的面，用自嘲的口吻承认了错误，不仅让人觉得他够坦诚，也觉得他足够幽默风趣、不刻板，给观众留下了不错的印象。从这件事上也可以看出，言语上出现了失误，与其犹抱琵琶半遮面地掩饰，还不如公开承认并道歉，诚恳的态度往往能让他人理解和原谅那一点点疏忽和纰漏。

人都不是完美的，总会有不小心说错话的时候，不必为此乱了分寸，或自责不已。要知道，每个人都是在错误中成长起来的。与其懊悔自责，倒不如在发生口误之后，尽量保持冷静，用上面的这些方式给自己圆场，这才是智慧女人的选择。

身在职场，做一朵智言妙语的玫瑰

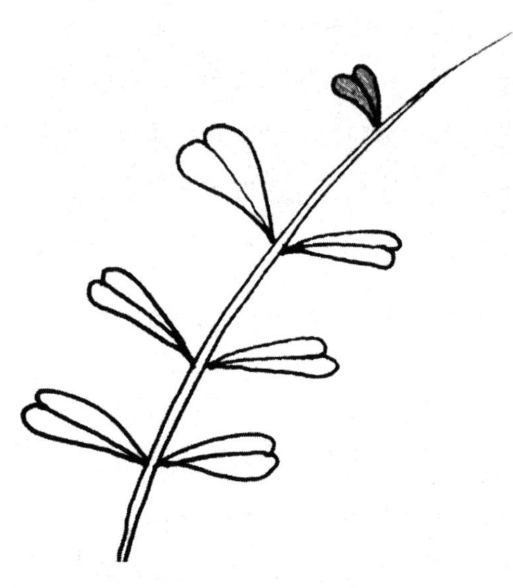

面试时必备的实用交谈技巧

身处现代社会，不会说话的人不但赚不到钱，甚至连找工作都会成为难题。话听起来稍微有点刺耳，可一点也不夸张。有些女性专业知识和技能都很扎实，却总在面试时受挫，问题就出在不会说话上。

在这个注重“自我营销”的时代，个人求职的成功与否，75%取决于口才，25%取决于能力。在进入一家新单位之前，面试是必不可少的过程，你的语言表达能力会将你的成熟程度和综合素质的高低展现得一览无余。千万不要觉得只要自己真的有才华就行，其他问题都无关紧要，毕竟，你的才能只有展现出来才可能引起雇主们的兴趣。

那么，在求职时如何正确地推销自己，赢得对方的好感与肯定呢？

注意你的仪表和态度

参加面试最合适的服装，莫过于适合你将来工作的衣服，它会让人觉得，你完全可以胜任这份工作。此外，根据你将来的工作性质，考虑是否有化妆的必要。如果需要的话，那就化一个淡妆，切忌浓妆艳抹。

提前几分钟到达面试地点，坐在座位上的姿势要端正，静静等待面试人员的传唤。在与面试人员礼貌握手后，端庄地入座，与对方保持适当的距离——既不要太远，也不要太近。讲话的时候要表现出自己的礼貌、热情和自信。保持目光的对视很重要，不要因为对方有“生杀大权”就不敢看他。你应该始终保持微笑，这会让你显得充满自信。

对方说话的时候，你要微笑着注视对方。同时，你还要适当、合理地做出回应，以此表达你对他的关注。注意，不要打断他的话，这是非常不礼貌的行为。在与对方交谈时，你的态度应该不卑不亢，不要低声下气地好像在求对方。面试是一种相互的选择，你的命运并不是他一个人决定的，如果你表现得过于自卑，反而会让对方怀疑你的能力。

要注意语音语调

女性应该注意，你的性格、态度以及内涵修养都渗透在你的语言和腔调中。你声音的特点能清晰地传达出这些重要的信息，尤其是在陌生人面前。所以，在表达自己见解时尽量保持口齿清晰、语言流畅，切忌含糊不清、闪烁其词。如果你咬字特别清楚，能给人一种信心十足和头脑清楚的感觉。

交谈时的音量、语调、语速都要适量。声音过小会显得怯懦和自卑，如果你平时说话声音较小，那么面试时就应该大声一点。但也不要音量过高，你为的是让对面的面试人员听清楚，而不是让隔壁房间的人都听见，这会给人一种十分粗鲁的感觉。保持正确的语调会让人感受到亲切和沉稳，这样在无形中就拉近了你与面试人员之间的距离。

切忌滔滔不绝地谈论

有些女性因为初入职场，在表达时显得过于紧张和急躁，往往对方刚问一句，她就开始滔滔不绝地大谈自己的想法，好像在跟谁比赛一样。这样并不好，你应在清楚表达自我的同时，用幽默含蓄的语言营造出轻松愉悦的谈话氛围，拉近与面试人员的距离，这样才会增加你成功的概率。当然，语言技巧的运用也不是越多越好。

从容地表现自己

面试时，自我介绍可能是所有参加面试者第一次表现自我的机会。

首先，简单介绍自己的姓名、性格、学历以及工作经验等基本信息。要注意，这只是个简单的自我介绍而已，你千万别一口气将你想说的话全部倒出来。接下来的环节中，你还有机会慢慢补充。面试人员判断你能否胜任这份工作，关键还是要看你的能力。

许多参加面试的女性总想表现出自己是最优秀的，言谈中仿佛表达了这样一个意思："我什么都能做。"或许你真的什么都能做，但这并不表示你什么都能做好。老板们希望雇佣的是实干的员工，而不是一个只会夸夸其谈的人。

表达出你的优点和长处

面试最重要的一点，就是把自己的优点表达出来。很多有才华的女性不懂得表现和推销自己，结果就被埋没在人群中。当然，在介绍优点时一定要说实话，切忌夸大其词，也不要太过刻意地掩饰自己的缺点。如果你把面试人员当傻子，那他们也会把你当傻子，你所要做的是让对方觉得你真的适合这份工作。

坦率大方地谈论薪酬

薪酬是每个求职者都很关心的一部分，哪怕你觉得薪酬并不是最重要的，但至少也会非常看重它。而如何跟面试人员商讨你的薪酬问题，对你的面试成功与否有着十分重大的影响。其实，大胆说出你的期望薪酬就行了。不要说什么“按照公司的规定办”之类的话，这只能表明你对这份工作没有清醒的认识。

当然，你的期望薪酬必须跟公司和你个人的实际情况相符，过高或过低都不好。最好给出一个可浮动的范围，以便让对方有考虑的空间。一般情况下，如果你的确能胜任这份工作，老板是会让你满意的。

注意面试中的“禁口”

在和招聘人员交谈时，有些话是无论如何也不可以说的，否则会损害你的形象，削弱你的竞争力，甚至导致求职的失败。归纳来说，下面几点是一定要注意的。

· 原公司的机密不能泄露，否则对方会认为你不值得信任。

· 有“收买人心”“贿赂”意味的话不能说，如“我有渠道买到批发价格的设备”。

· 表示出强烈厌恶某学科、某领域的话不能说，万一你不喜欢化学化工，而公司的大客户刚好是从事这方面的，显然你就不太适合这个职位。

·抱怨的话不能说，无论是什么样的单位、什么样的招聘者，都不会喜欢满腹牢骚的人。

·试图借助知名人物、领域精英自抬身价的话，千万不要说，就算你真的认识某些名流，与其是不错的朋友，也不要在面试时谈及，以免给人留下你爱慕虚荣、喜欢吹嘘的印象。

·不要过度地赞美招聘者，哪怕对方很值得钦佩，你也只需说一句："跟您交谈很让我受益，谢谢。"在面试的场合，过度赞美容易遭到误解，认为你是在吹捧他。

招聘方为了选拔合适的人才，会在面试中综合考量人才素质，以探测求职者的能力、智慧、性格、心理承受力等。要想把自己最优秀的一面在有限的时间里尽可能多地展示出来，就得在口才方面多用点心，说好该说的话，绕开语言陷阱，个别问题点到为止。

迈入职场，先学会怎么称呼人

无论是刚刚步入职场的新人，还是已经有了一定经验的达人，在面对工作的问题时，总免不了要跟周围的领导、同事或陌生的客户打交道，而沟通交流的第一步就是给对方一个恰当的称呼。千万别觉得这是小题大做，生活中如何称呼对方是一件非常有讲究的事。

一个骑马赶路的年轻人，见天色已晚，想找家客栈住下来。只可惜，身在异地他乡，他根本不知道自己到了哪儿，离最近的客栈还有多远的路程。恰好，身边一位老汉经过，他在马上高声地喊道："喂，老头儿，离客栈还有多远？"老汉回答："五里。"

年轻人听后，策马奔腾，急着就往前赶路了。一口气跑出了十几里路，却连客栈的影子都没看见，四处荒无人烟，他有点生气，觉得那老头儿故意捉弄他，很想回去跟他理论理论。他一边想，嘴里一边嘟囔："五里，五里，什么五里？"念着念着，他突然醒悟了，原来，老头儿说的是"无礼"，而非"五里"。

他掉头就往回赶，没过多久，再次与老头儿相遇。这时，他连忙下马，客客气气地走到老人跟前，亲切地叫了一声"老伯"，接下来的话还没说，老头儿便开口了："客栈离这里很远，如不嫌弃，就到我家暂住一宿吧！"

称呼在交际中有多重要，想必不用再赘述了。称呼是彼此之间展开沟通的信号，也是传达礼貌和情意的途径。从心理学上讲，每个人对他人如何称呼自己都是很在意的，只是由于各国各民族民俗不一样，语言上也不尽相同，因此称呼上有很大区别。

想成为一个懂礼节、受人喜欢的优雅女人，不管是朋友相见，还是与陌生人相见，都要特别注意称呼的问题。错误的称呼不仅会闹出笑话，还可能引起误会，让听者不高兴。

燕子在一家公司做前台，每天要接待不少的来访者。那天，公司来了一位老太太，穿着十分考究，她是预约来公司了解产品的客户。燕子立刻奉送上热情的笑脸，甜甜地说了一句："奶奶，您找哪位呀？"

老太太原本微笑的脸，突然沉了下来，看了燕子一眼，说："哪儿来的'愣头青'！"燕子愣了一下，很惊讶，心想：我也没招惹她呀，干吗骂人呢？可作为前台，她不能对客户无礼，就给老太太倒了一杯水，赔着笑脸说："奶奶啊，我们老板出去了，大概下午才回来。"

老太太的脸更沉了，狠狠地瞪了燕子一眼，转身就走了。

恰好这时候老板进来了，遇到老太太就握着她的手说："哎呀，顾大姐，您来了！真不好意思，我刚出去，让您久等了。来来来，里面坐。"

燕子有点费解，老板才三十几岁，管老太太叫"大姐"？就在她愣神的时候，老太太突然对老板说："还叫大姐呢？你们这姑娘都管我叫奶奶了！"燕子顿时脸就红了，知道自己在称呼上犯了错误，得罪了客户。

称呼看似很简单，实则蕴含着许多信息。一个巧妙而适当的称呼，体现的是说话者对他人的尊重，就像妙音入耳，让对方觉得很温馨，能够缩短彼此之间的心理距离，使感情更加融洽，沟通更顺利。尤其是在职场上，更不能随随便便地称呼他人。

注意雅俗之分

称呼的格调有雅俗之分，应依据对方的情况选择合适的称呼。比如，对于一些德高望重的老人，可以称之为"某老"，如"李老"，或者加上对方的头衔，如"李教授"，切不可张口就称"老伯"，若是平日里与陌生的老人相遇打招呼，倒是不妨这样称呼。前者带有敬仰之意，后者则是一般情况下的尊称。

再者，年轻的女人很喜欢称呼别人“师傅”，听起来很亲切，但文雅不足，并不适用于所有人。对于工人、厨师称呼“师傅”比较合适，可对于医生、干部、军人等不合适了，应要视场合、双方关系来选择恰当的称呼，若担心说错，最好就在姓氏后面加上对方的头衔、职务，这样既显得正式，又不失尊重。

考虑地域差异

在涉外活动中，依照国际通行的称呼惯例，成年的男子都称“先生”，对已婚女子称“夫人、太太”，对未婚女子称“小姐”；对年长但不明婚姻状况的女子或是职业女性，则统称为“女士”。若知道对方的姓氏、职称，也不妨加上，这样更显得对他人的重视和尊敬。

遵循礼貌原则

每个人的内心都渴望被尊重，礼貌的称呼恰恰是表现对他人尊重以及自身修养的方式之一。在交际中，女人一定要尽量多用尊称和敬语。对一些资历老的同事，要称呼为“老师”，毕竟“三人行，必有我师”。对经理和上司，一定要予以尊重，不要称呼对方“老大”“老总”，直接称呼“经理”“主任”就好。

现在年轻人的思想都比较活络，在称谓上也很亲昵。可是，在职场当中，尤其对女性而言，亲昵的叫法还是尽量少用，一来容易引起别人的误会，二来会显得比较轻浮。

不要随便给人起绰号

关系比较亲近的同事之间，偶尔会给彼此起个绰号，显得比较亲切。但这些绰号私底下称呼还好，切不可用在公共场合中。对待上司，尽量保持尊重的态度，切不可胡乱起绰号。

某公司的办公室主任平日坐不住，不是在其他部门，就是在某个下属的工位前。他说：“我这是联络感情，熟悉业务呢！”总之，办公室里经常看不到他的影子，有时下属找他反馈情况，还得打手机。见他每天穿梭在公司的各个角落，大家也很无奈。有一次，某下属找不到他，就郁闷地说：“咱们主任像一只勤劳的小蜜蜂。”自那以后，大家私下就管这位主任叫“小蜜蜂”。

后来，办公室就传开了，同事们大都会这样说“小蜜蜂叫你去他办公室”“小蜜蜂说了，合作共赢”“小蜜蜂今天又不知道去哪儿了”……有一回，某员工正在写报告，突然看到主任站在自己面前，愣了一下之后，脱口而出：“小蜜蜂怎么来了？”主任觉得莫名其妙，那位员工意识到自己说错话了，不知如何解释。

旁边的一位老员工见此情景，连忙打圆场：“是啊，刚刚我也看见那只蜜蜂了。”主任摇摇头，走了。这位说错话的员工着实冒了冷汗，说：“以后还是少叫‘小蜜蜂’吧，万一哪天被他知道，就没今天这么幸运了。”

说了这么多，就想提醒女性朋友，欲在职场与人顺利协作，赢得对方的好感，在对别人的称呼上一定不能马虎。多使用礼貌用语，分清楚交谈场合和主次关系，了解对方的身份地位、个性喜好，能避免许多尴尬，给人留下好印象。

摆正自己的位置，别碰上司的“奶酪”

有时候，我们在职场里会遇到这样的情形：明明能力过人、业绩显著，却始终得不到上司的重用，甚至还遭到排挤，弄得自己很是沮丧，却始终不知道问题出在哪儿。下面提到的这位职场女达人，就是一个典型的例子。

孙茜怎么也没想到，自己在业务上犯了重大错误时，上司竟然愿意为她担责任；可在她工作蒸蒸日上、正要平步青云的时候，上司却无情地将她“扫地出门”。

一年前，孙茜被A公司从外资企业挖了墙脚，到A公司担任市场总监。刚进公司时，就有人提醒她，这里跟外企的文化不一样，关系很复杂，一定要摸清上司的底线和喜好，以便日后长期发展。孙茜是个直性子，没把这些话当回事。

因为孙茜能力出众，董事会和总经理对她都很重视。很快，她就成了公司里很有影响力的人物，尽管职位是总监，可在很多方面，她已经跟公司的副总平起平坐了。

总经理屡屡在公开场合表态支持孙茜，这给了她莫大的鼓舞和信心。接下来的半年里，孙茜进行了许多市场革新，取得过一些成绩，也曾因为一意孤行而导致失败，公司里不少人都有怨言，唯独总经理一直很信任她。

自信不代表能成功。孙茜试图在短期内进行全盘调整，结果使得公司损失惨重。董事会把公司所有高管训斥了一通，让孙茜没想到的是，总经理竟然把所有的失误都揽在自己身上，替她扛过了这一关。

总经理的宽容让孙茜产生了一种亲近感。到了年底，因为她的策略制定得好，公司取得了显赫的业绩。在庆功宴上，孙茜盛装出席，酒酣耳热之际，竟然当着一些下属的面说："我这个人就是好强，走到哪儿都要成为顶梁柱，要是我升职了，肯定还能做得更好……"

许多人都附和着，谄媚之态更让孙茜有一种飘飘然的感觉。这一幕，总经理全都看在眼里，当时的脸色很难看。一个月之后，在公司例会上，总经理第一次不留情面地训斥了孙茜。三个月后，总经理又找了一个冠冕堂皇的理由，让孙茜"体面"地离开了公司。

看到这里，你是否明白了什么？从上司为孙茜扛下责任、虚怀若谷地替她顶罪这些表现上来看，上司不是没有担当的人。可就算是遇到这样开明的上司，也不能无所顾忌。努力表现自己，证明自己的能力，本是无可厚非之事，可若抢了上司的风头就太不明智了。孙茜恰恰就在这里犯了糊涂，她碰了上司的"奶酪"。

在职场中跟上司打交道，有哪些"奶酪"是碰不得的呢？

不要抢上司的风头

上司之所以能成为上司，必然有他的过人之处，身处特殊的位子，在付出各种辛苦之后，也会有一种做主角的渴望。有出风头的机会和场合，自然应当把上司推到前面，而不是自己在那里好大喜功、夸夸其谈。很多时候，把功劳让给上司，放低自己，才是最明智的捧场和最稳妥的自保之道。

隋娜是个很有才气的女孩，毕业后应聘进入一家杂志社做编辑。由于独特而不俗的思想，她策划的几个专题深受读者喜欢，前段时间还得了一次创意奖。社里开会时，社长特意把隋娜当成典范来说，最后还让隋娜说说这次获奖的感受。

机灵的隋娜虽然涉世未深，可她看得出来，社长夸奖自己的时候，主任的脸色不太好看。为了照顾主任的面子，她特意当着领导和同事的面说："在各位领导和同事面前，我只是一个新人，这次能获奖主要归功于我们主任。刚从事这一行，很多地方我都不够专业，可以说是孙老师手把手将我带起来的。如果没有她的指导和其他同事的帮助，我的这些专题不可能做得这么精致，毕竟我对市场、对读者需求把握得不够准确。这次得奖的人是我，可我觉得这应该是我们部门集体的功劳……"一番话说完，主任的脸上露出了喜悦的笑，其他同事也感觉沾了光。

不要挑战上司的权威

现代职场分工明确，上下级各司其职，这就告诉我们：吃自己盘子里的东西就好了，千万不要去碰上司的"奶酪"，具体来说就是不要"越级"。否则，上司会觉得你无视他的存在，挑战他的权威。

假如上司要你出谋划策，那么你只要说"仅供参考"的建议就好了，不要替他做决定，尤其是不能指手画脚。如果说话不注意分寸，对上司指手画脚，指导他应该如何做，任凭上司怎么大度，他的第一感觉都是"你不知深浅"，表现过度，其次才会考虑到你提出的建议是否合适。遇到了疑心重的上司，会觉得自己的权威受到了质疑，对你产生反感和戒备心。

总而言之，身在职场与上司一起共事，一定要时刻摆正自己的位置。做了某项工作之后有了功，在言语上保持低调，把功劳和风光让给上司。遇到决策性的问题时，把决策权交给上司。要知道，当你在上司面前尽显所能时，你很可能就变成眼中钉了。

给领导提建议是一门技术活儿

上司能够走上领导层的位置，肯定在某个领域有他的过人之处，但话说回来，人没有完美的，总会有思虑不周、疏忽大意的时候，也可能在一些问题上没想清楚，一时间做出了错误的决策。身为下属，有责任协助领导更好地完成工作，也有义务在关键时刻提醒对方做出一些调整和改变，以顾全大局。

可是，职场是一个讲究层次关系的地方，我们平日里给朋友提建议还得小心措辞，更何况是给自己的上级领导呢？如果不看时机，或是直来直去，损伤了上司的面子，结果肯定事与愿违。对多数领导来说，他们并不反感敢于直谏的下属，也不会轻视下属阐述的想法，真正让他们头疼和难以接受的是下属提意见的方式。

有些女性天生直率，给领导提意见时就开门见山地说：“经理，我不同意您对这件事情的处理方法，我认为应该……”“您刚才的观点有问题，我觉得……”这样的说辞等于直接把上司的想法给否定了，让他们面子上挂不住，他们自然会心存芥蒂，就算她提出的那个建议很合理、很有创意，领导也不会买账，至少那一刻很难接受。

再开明的上司也不愿接受过于直白的建议和批评，这会降低他的威望。所以，在给上司提建议时，一定要掌握点技巧，让自己的话如春风细雨般飘进上司的心里。

到底怎样巧提建议才能让上司更容易接受呢?

选择适当的场合与时机

向上司提建议或意见，最好在私下里谈，以非工作的角色，这样的氛围会轻松随意一些，上司回旋的余地也大一些，提某些意见时可以采用“有则改之，无则加勉”的态度，这样不至于陷入被动和难堪中。相反，在正式场合以工作角色谈这个问题，一旦因为某些问题产生分歧，或是出现了错误，回转的余地就比较小。就算不跟上司发生直接冲突，对日后的上下级关系也会造成一些影响。

提建议的时机也很关键，人在高兴的时候容易听进他人的意见，所以在给上司提建议时，切记观察他的状态和情绪。如果他正忙于工作、诸事繁杂，抑或心情不好，最好先不要说，以免碰壁。

别急着否定上司的想法

在向上司提建议时，别一开始就否定他原来的想法，先抓住这个想法中某一个你认同的地方，对此加以赞美和肯定；之后，再说出不同的意见，有理有据地阐述你的理由。这就说我们之前讲过的批评之前先肯定，这一招在职场上很有用。

用请教的方式来进谏

提建议不一定是要直接说出不同的想法，你可以试着向上司请教，找出你们的共同点，建立一个相容的基础。如果你的建议是补充性的，要先明确上司的大致思路，提出你的修正意见，做出一些细枝末节的改动，让上司的方案更加完善。

根据上司的特质提建议

给上司提建议时要特别谨慎，尤其要考虑到上司本身的性格，上司喜欢用什么方式接受下属的意见。性格开明的上司，可以幽默地给他提建议；严肃的上司，可以给他写邮件；喜欢赞扬的上司，可以把建议藏在褒奖里；思想前卫的上司，可以直言建议；保守派的年老上司，可以委婉提建议。

关于如何给上司提建议，我们谈了上述的几种方法，但如果上司不接受这些意见或建议怎么办？作为下属，千万不要因此耿耿于怀，也许给上司提建议的人不止你一个，面对诸多方案时，他必定要权衡，根据实际情况来抉择。不过，能够主动给上司提建议，且方法得当，至少上司知道你是关心公司的，也花费了大量的精力在工作上，这会给他留下不错的印象。

话说得好，提加薪也不是难事儿

每一位在职场中打拼的女性，都希望能够在本职工作上找寻到自己最大的价值，可很多时候，明明认真付出了，老板却怎么也不提加薪升职的事。面对这样的情形，你是否想过要找老板谈一谈呢？

很多人会说，当然想过，可不知道怎么说。确实，向老板要求加薪存在一定的风险，弄不好，不但薪水没提高，还可能惹得老板生气，就此没有薪水拿了。

某公司有个女孩就曾犯过这样的错误：她见一起入职的同事加薪了，就直接找到老板，质问对方："我和她做的工作一样，为什么她能涨工资，我却不能？您能告诉我为什么吗？"

听了这话，老板的脸拉得很长，反问她："你是不是对我的决定有什么意见？如果你不满意的话，大可以另谋高就。"女孩闭口不言，悻悻地走人了。

找老板提加薪，真不是凭借勇气就行的。提加薪之前，你至少应该先反思一下，为什么老板没给自己涨工资？到底是能力的问题，还是其他的原因？如果真的是被忽视了，那完全可以"提醒"一下老板。

王晗三个月前签了一笔大单，提成大概有1万元左右，经理见她工作很努力，两个月前就承诺，要给她涨500元的工资。可一连两个月了，王晗拿到手的还是原来的工资，就连奖金也没有发放。

任谁碰到这样的事都会有些着急，王晗忍不住去找了经理。见她进来，经理装作什么都不知道，问："有什么事吗？"看到老板没有主动提工资和奖金的事，王晗只好自己问了。

"是这样的，经理，两个月前您说给我涨工资和上次单子的提成，可我现在还没有收到，是不是财务那边的手续还没有办下来？”经理一听，说帮她问问，让王晗回去等消息。

果然，临近下班前，经理找到王晗告诉她：“真是不好意思，你知道财务最近比较忙，可能一时间没来得及处理。你放心，错过的两个月我会让财务给你补上的，好好干！”

无论老板是真的疏忽了，还是故意为之，在应该得到加薪的时候没有得到，就该去提醒一下老板。王晗在这个问题上处理得很巧妙，没有直接质问老板，让对方觉得尴尬，而是找了一个台阶，把问题“推”到财务身上。就算真的是老板故意为之，有了这么一个台阶，他在解释的时候，也不至于难堪。

由此可见，跟老板提加薪是一件非常考验智慧和口才的事，得事先有所准备，切不可冒冒失失。不然的话，肯定会事倍功半，甚至事与愿违。这里有几点建议，希望对你有所帮助。

开口前要准备好充分的理由

想让老板同意为你加薪，不是一件容易的事，如果期间出现了什么失误，很可能会影响老板对你的看法，不利于日后的工作。所以，在准备开口提加薪之前，要先确定好谈话的重点，有理有据地展开，让老板意识到，给你加薪对他和公司来说，利绝对大于弊。要知道，谁也不愿意做对自己没有好处的事，如果给你涨工资能让个人和企业双赢，何乐而不为呢？

遭到拒绝后要了解原因

如果老板拒绝了你的加薪请求，不要表现得太沮丧，或是太激动，质问老板为什么自己辛苦付出得不到应有的待遇，这样的做法会让老板很反感。你应该静下心来，听听老板的想法，这样的话，纵然老板现在没有满足你的请求，但也会记得你，而你也能够知道自己还有哪些不足，今后可加强提高。

从侧面表达想加薪的意愿

如果觉得不好意思直接开口提加薪，那不妨旁敲侧击地“提醒”一下老板。比如，在发现和你同岗位的同事薪水都比你高时，可在跟老板独自相处时这样问：“老板，实在不好意思，有件事我一直没弄清楚。这几个月，我的工资比同事少了几百块钱，是不是我的试用期已过，正式聘用的手续还没有办好？”老板听了这样的话，自然会做出解释，也会明白你的意思。

以其他方面的福利替代

很多时候，加薪不一定非要以工资的形式，还可以用奖金、补助、休假、培训等来弥补，非常灵活。倘若公司当时的经营状况不稳定，或者老板疲于应付财政支出，你去申请加薪调职，多半都会被拒。此时，你不妨提出调到其他部门或岗位，间接地“加薪”。

可能有人会问：要是加薪的要求遭到拒绝，怎么办？

碰到这样的事，心里不痛快是正常的，但不必闹情绪，赶紧跳槽走人。若是除了工资以外，其他方面都很好，不妨再多给自己和老板一点时间。这段时期好好表现，同样一项工作，你比别人多用点心，多出点力，多费心搜集一些数据，得到一个全新的创意，做出一份翔实的计划书，时间长了，上司自然会发现你、欣赏你，给你加薪升职的机会。

会说话更易得到同事认同

职场女性有时会觉得很累，可能是不喜欢有太多的应酬，也可能是因为人际关系受阻。确实，同事之间的关系比较微妙，它既不像朋友那样可以无话不谈，但又要朝夕相处，且彼此相对来说也很了解。在工作需要的时候，可以像战友一样携手奋进；在面对利益的时候，又会暗暗较劲儿。对这样的关系，一旦处理不好，轻则伤和气，重则针锋相对。

所以，在跟同事接触的时候，一定要注意拿捏好分寸，不可太近，也不可太远。至于要如何与同事交流，这里有几点可供参考的建议。

摆正自己的态度

虽然同事之间也可以成为朋友，但大多情况下，这种关系仅限于工作中的合作而已。不过，我们可以从同事那里学到很多有用的东西，这一点和交朋友的益处一样。不管你是喜欢你的同事还是讨厌他，与他们进行交谈的时候，首先都要抱着尊重和体谅的态度。无论他们身上有什么样的优缺点，都要记住，他们会在经验和知识上给予你很多帮助。如果你们之间产生了隔阂，那么你就会失去这个提高自我的机会。

要少说多听

办公室不是表现演讲才华的地方，所以最好不要在办公室里讲太多话。有些女性急于让同事了解自己，说起来没完没了，与其这样刻意地表现自己，还不如把精力用在观察和学习上。只有向同事请教工作上的问题时，你才会得到提高，否则只会落后于人。倾听同事说话要仔细、认真，不要因为觉得对方的话毫无水准就显得心不在焉，要努力去挖掘对方话语中的亮点。你周围的任何人，将来都有可能成为你的朋友、合作人，甚至顶头上司。

多赞美你的同事

千万不要吝啬你的赞美，因为赞美是让别人对你产生好感的最直接有效的方法之一。你可以赞美你同事今天穿的衣服漂亮，也可以赞美他工作业绩突出。当然，华而不实、没有原则的赞美就不要说了，那只会给人一种不真诚的感觉。

幽默的运用要得当

有时候，你的一两句幽默话可能会给办公室带来难得的欢声笑语，这样既可以活跃工作气氛，也可以展示出你的才华和个性。需要注意的是，一定得把握好玩笑的分寸。

· 注意开玩笑的场合。当大家都在认真工作时，最好不要突然来一句幽默话，这样会影响他人工作，纪律上也不允许。

· 坚持适度原则。玩笑开得过火，不仅会伤害到你的同事，也会对你本人不利。

· 区分开玩笑的对象。对待不同的同事，不能一概而论。

拒绝同事要有技巧

拒绝同事时，千万不要破坏你们之间的关系。当你的同事请你帮忙做一件你无法答应的事情时，你可以告诉他你正有别的事情忙，等手头的事儿处理完了再去帮他。我相信，只要你解释清楚，对方一定可以理解。

注意交流中的忌讳

每个人都希望知道别人的隐私，却对自己的隐私讳莫如深。所以，你最好不要去打探别人的隐私，以免引起对方的反感和警惕；在同事面前，别刻意表现自己的与众不同。事实上，每个人都觉得自己是最独特的，你唯有保持低调、谦虚的态度，才能使你的同事认同你。

不要随便在同事面前说领导的坏话。也许你是想跟你的同事交心，或者只是随口开个玩笑，但这很有可能被有心人利用，把你当成他的垫脚石，这一点你不得不防。另外，别用命令的口气对同事说话。无论在经验、学历还是地位上，你都不具备命令你同事的资格，如果你想得到别人的帮助，那就试试其他的方法。

掌握了跟同事说话的这些基本原则和技巧，通常也就不会出现什么太大的问题。工作需要融洽的关系，更需要周围人的支持，谨言慎行为自己营造一个好的工作氛围，是每一个智慧女人都应当做的努力。

办公室里容不下“议论纷纷”

世界上最好的东西是舌头，最坏的东西也是舌头。因为这世间所有富丽堂皇的言辞都是舌头的功劳，而所有诽谤中伤、恶意造谣的罪魁祸首也是舌头。

一个有修养的女人，自然知道管好舌头的重要性，她们在为人处世时也必定会秉承一条原则——闲谈莫论人非。尽管有人常常以“谁人背后不说人，谁人背后不被说”作为背后议论他人的借口，但对于头脑清醒的睿智女性而言，她们深知一旦破坏了这条原则，就难免被人冠上“长舌妇”的难听称号，尤其是在职场上，这样的事更做不得。

一位旅美的女学者谈及背后议论的事，这样说道：“我在美国和俄罗斯时，从来没有人在我面前说第三个人的坏话，我自己倒有时会犯这个毛病，在一个人面前对不在场的某个人说三道四。后来，有个俄罗斯的朋友告诉我：‘在我们这个地方，和一个人议论另一个人的事是不道德的。’从那以后，我就把这个坏毛病彻底改掉了。”

你可以想象一下：一个看起来很优雅的知识女性，总在他人背后窃窃私语、议论别人的坏话，她在你心中的形象会是什么样？也许，有些女人在背后议论同事的目的，是因为个人情绪得不到宣泄，希望找一些“志同道合”的人。事实上，职场里有多少志同道合的朋友？你发泄情绪的对象很可能会成为你的竞争对手，就算不成为对手，他也不会对你有什么好感。

与男人相比，女人确实更喜欢闲谈，但拿什么作为谈资，却是一件值得深思和重视的事。尤其是在职场里，你出于无心的某句话，在以讹传讹的过程中，不知道会演变成什么样，给别人造成多么严重的负面影响。真到惹出麻烦的时候，再来后悔，再去道歉，也没有任何意义了。对他人的伤害已经形成，绝不是简单的一句

“对不起”就能抚平的。

怎样在职场中做一个聪明的女人，发挥自己的口才，而不是做一个总是挑起是非、令人厌恶的“长舌妇人”呢？这里有很多需要注意的细节。

以诚相待，用公平竞争替代言语污蔑

无论对待朋友还是同事，原则上都当以诚相待，而不要当面一套、背后一套。在说话和做事之前，要考虑到对方的感受，别说那些令人感到困惑的话，也不要做让对方为难的事，更不可以发起针对某人的流言攻击。

有些女性在看到同事取得成绩的时候，会忍不住涌起嫉妒的情绪，总看对方不顺眼，在背后说对方的坏话，甚至恶意造谣中伤对方，暗地里向领导打小报告。其实，这种做法是不自信的表现，承认对方比自己强，而自己无力改变。

这种做法的结果就是，分散大量的工作精力，提防对方知道自己的所作所为，等有一天真相大白的时候，还要面对人际关系紧张和失业的危险。与其这样，倒不如踏实地努力，用积极的方式去赶超对方。

远离谣言制造者，坚决不八卦

“听说她新交了一个男朋友，长得不怎么样，但家里很有钱”“最近他总是跟××眉来眼去的，是不是有什么新闻”“××她妈是咱们公司的领导”……类似这样的声音，你一定也听过不少，每一条都可以当作同事之间可以传播的话题。不过，你若真的传播了，那就犯了大忌。

遇到这样的情形，先跟谣言的制造者保持一定距离，尽量少跟他闲聊，降低面对流言蜚语的概率。如果实在躲不开，就装出倾听的样子，但要记得听过后就把这些话忘掉，或是烂在肚子里，让它到自己为止。你若传播出去，其他同事对你也会有所提防，担心某一天他们的事情也会成为你传播的新话题。

无凭无据的事，不要随便附和

有些女性平日里喜欢与人交头接耳、议论长短，开始只是不经意地随口说说，可在转述的过程中却忍不住夸大事实，最后演变成无法收场的局面。所以，对于那些自己不了解情况，或是没有真凭实据的事情，即便别人说得再热闹、再真切，也不要轻易附和，更不要添油加醋。如果不注意这一点，很可能会被居心叵测的人利用，掀起大风波。

不要过分关注同事的隐私

同事之间相互关心、帮忙没有错，但不要过分关心他人的隐私。敏感是女性的特质，适当运用可以促进人际关系的升华，但要是介入了同事的隐私还加以点评，就会引起对方的反感，原本的那份善意也会被误认为是虚伪。距离产生美，当同事需要你帮忙的时候，热情地伸出援手就行了，其他的不必过问太多。

一分为二地应对流言

职场是一个很有趣的地方，能力不强的人会遭受冷眼，太过瞩目的又会招来嫉妒和排挤。如果你在办公室里不小心被流言蜚语沾染上了，该怎么办呢？对这个问题，我们不能偏激，要一分为二地理性对待。

首先，保持镇静，别自乱阵脚，大吵大闹是解决不了问题的，还会让人觉得你是一个急躁、情绪不稳定的人。在流言面前尽量保持正常的姿态，这比捶胸顿足、大呼小叫要好得多，而且这样的情绪也有助于分析问题的原因。

其次，进行自我反省。很多流言并非空穴来潮，想想它是否真的跟自己有关系？是不是自己无意间做错了什么？静下心来找找源头，以寻求解决之道。如果确实是有过错，造成了误会，不妨大方地当面认错并改正，终止流言。倘若自己有十足的把握证明那就是恶意中伤，也可以主动出击，澄清事实，让真理说话。

再次，单枪匹马虽然可以显示坚强和坦荡，但难免会让自己陷入孤立无援的境地。这个时候，争取周围人的帮助也可以帮你战胜流言。需要指出的是，除了积极主动寻求上级支持外，也要注意向下级寻求支援。因为上司在流言面前总会以下属的意见为参考，下属的意见有时会起到一言九鼎之效。

最后，适当地放弃一些东西。俗话说得好：“世间熙熙，皆为利来。”流言这种东西，往往都是因为利益纠纷产生的，如果在这个时候，做到适当地放弃利益，甚至是置身“利”外，以退为进，也是不错的方式。若非要迎头而上，往往会中了造谣者的圈套，得不偿失。

闲聊有度，才守得住前途

没有谁会喜欢一个“死气沉沉”的女人，说话、聊天一板一眼，没有一丝灵气，就算是在职场这样的特殊环境里，大家似乎也更青睐于那些会说话、会调节气氛的女人。上班本是一件辛苦的事，承受着巨大的压力，若能在适当的时候说两句题外话幽默一把，不仅能缓解精神疲惫，还能让办公室里的气氛变得活跃，融洽关系、增进感情。

只不过，凡事有度，过犹不及。职场毕竟是工作的场所，如果闲话说得太多，把公司当成娱乐场所，把同事当成聊天的对象，就可能会给自己或别人带来麻烦。

梦然是一家公司的统计员，性格活泼开朗，工作能力也很强。认真工作的时候，她的麻利劲儿让同事很有压力，同样一件事，别人花上半天的工夫，她通常三小时就能搞定。三个月的试用期里，领导也发现了她是个可造之材，想着日后着力培养她。

许多人往往都有类似的感受：在不熟悉的工作环境里，除了工作似乎也没其他的事可做，一旦跟周围人打成一片，话题也就多了。外向的梦然自然不是那种只知道闷头干活的人，试用期过后，她已经跟同事很熟悉了，说话的频率比刚入职时高了许多，说话的内容也从单一的工作拓展到了生活、美容、情感诸多方面。

公司里有两三个年轻的女孩跟梦然很谈得来。起初，她们就在午饭时间里聊聊自己听到、看到的事，从偶像剧到穿衣打扮，从娱乐八卦到自己的情感生活。有时候，在休息时间里聊得意犹未尽，她们索性就占用工作时间继续聊。好几次，领导看到她们在那唧唧喳喳地说，碍于面子只是看了她们几眼，什么也没说，希望她们能自觉。

网络几乎是每个公司都不可少的办公设备，有网络就少不了有人上网闲逛、闲聊。梦然和同事建了一个群，办公室里鸦雀无声时，只能听见噼里啪啦的敲键盘声。不知情的人以为她在忙着工作，可走近一看就会发现，屏幕上是QQ的对话窗。她觉得自己工作能力强，就算平时跟同事聊聊天、看会儿网页，也不会耽误太多。可她忘了，不是所有人都跟她一样，也不是所有人都能随时从聊天的情境中抽身而去，马上投入工作。

那天，恰好同事在感情上遇到了麻烦，正在办公室里悄悄地向梦然诉苦，情绪非常激动。没想到，这时候领导突然进来了。原本，同事看到领导就有点紧张，可偏偏这时候客户又打来电话。同事的情绪还没缓过来，说话还带着哭音，根本无法立刻集中精神，大脑一片空白。客户在电话那边一个劲儿地催问具体的数据，手忙脚乱的同事在电脑上乱翻，越着急越找不到。客户听她支支吾吾的样子，索性挂了电话，说等她找到了再回复。

这一幕，领导尽收眼底。他没好气地把同事叫到办公室，虽然隔着一个房间，可还是能听见领导发脾气的声音。梦然隐隐约约地听见，领导说同事以前工作挺认真的，最近不仅干活慢，还经常出错，根本不在状态。从领导办公室走出来之后，同事一脸的沮丧，加上感情上的创伤，精神上根本接受不了，回到工位上就傻傻地坐着，只顾着掉眼泪。

看到同事这样，梦然心里萌生了一股内疚感。领导虽未直接批评她，可言辞之间多少也透露出了一点想法：同事原来工作挺认真的，而最近领导经常看见同事和梦然闲聊，也就是梦然在工作上暂时没出什么纰漏，领导无话可说，可他今天批了同事一通，分明就是“杀鸡儆猴”，警告梦然和其他人。

此事之后，梦然安慰了同事几句，她也没有说太多，怕引起对方的反感。只是，她由此长了记性：上班时间不管是窃窃私语，还是网上闲聊，都不是什么好事。就算自己觉得没什么影响，可有时会间接影响别人。更何况，领导的眼睛每天都看着呢，谁做了什么，他心里有数，自己若还想继续干下去，在公司里有发展，闲谈题外话自然就得早点从日程里剔除。

能言会道、善解人意，这些品质用在合适的地方，绝对可以成为女人绝佳的优势；若用错了地方，把能言会道用在闲聊上，把善解人意用在分享同事的情感和隐私上，那未免有点不知轻重了。别忘了，职场是一个风云变幻的场所，闲聊的题外话很可能瞬间就传到其他同事耳朵里，或者传到领导那里。到时候，就算不是你的责任，闲言碎语也会将你缠身。

此外，职场是彰显能力、凸显价值、换得利益的平台，没有足够的时间和空间提供给个人用来八卦闲聊、倾诉情感，它时刻处在你争我赶的激烈竞争中，你若停驻不前，自会有人替代你，残酷的现实就是如此。

工作时间不要闲谈，但在工作间歇可以稍稍放松，只是在办公室里，有很多话题都是禁忌，女人最好牢记于心，不要触碰这条底线。

薪资问题，绝口不能提

人们常常把薪水当作自己的隐私，尽管他们对别人的隐私充满好奇，却受不了别人打探自己的隐私。所以，千万不要去过问他人的薪酬是多少，也别去讨论公司的薪资水准怎么样，在办公室里讨论这些对你不会有任何好处，只会让你自讨没趣。

现在许多公司采取的是不平衡的工资制度，让员工拿不一样的工资，这是公司的一种激励机制。因此，同工不同酬就成为公司内部一件十分机密的事情。上司非常不喜欢那些在公司里讨论薪水问题的行为，也十分讨厌在办公室谈论薪水问题的员工，因为那样会引发领导与员工之间的矛盾。

个人隐私不能分享

你大概还没见过一个人在办公室里向同事哭诉，说自己失恋了好伤心之类的话吧？但我是见过的。不过，那位伤心的员工非但没有得到我的同情，还受到了我的批评。我给她的建议是，无论她的感情生活发生了什么突变，都不要把情绪带到办公室来。办公室这么个小地方，并不适合用来让你和同事分享自己的私生活。

还有不少人喜欢在办公室里和同事分享自己生活中的趣事，比如，她家的小猫昨天下小崽了，小猫非常可爱。谈论这种事确实能让说话者高兴，对同事来说却相当无聊。而且，这些无聊的话题除了会分散工作注意力之外，不会有任何实际意义。

少谈论家庭的经济状况

不少人喜欢在办公室里把自己新近去过一次欧洲，或者新买了一套房子的事提出来，还表现出一脸扬扬得意的架势。确实，这样的话题会让他们心情大好，可这其实是在炫耀自己的家产，会在无形中伤害周围的同事。再说，炫耀本身也是一种心智不成熟的表现，藏不住话的女人，给人的感觉是轻浮的，实在不够礼貌和优雅，领导绝不会重用这样的下属。

✹ 切忌大谈特谈空想

不要对你的同事发表演说，说你将来会如何如何；也不要说以你当前的实力完全可以胜任什么什么职位的话，这会让你在不知不觉中树很多敌人。你真正应该做的，是在工作中表现出卓越的才干，而不是空口说白话。

✹ 不在背后评论任何人

切忌在某一个同事面前说其他同事、领导或公司的坏话。那些人事关系的变动、各个职位的升迁都是有具体原因的，并非你想象的那样。胡乱搬弄是非对你不但不会有任何好处，还会使你处于危险的境地。因为你不能保证你的同事不会说出去，虽然他们表面看上去十分可信。身处职场的你要知道，这世上没有不透风的墙，即使你所说的话并没有什么恶意成分，在人们的口耳相传中也会歪曲变形，到时候你就追悔莫及了。

✹ 别拿其他公司做比较

不要拿自己的公司与其他公司做比较，你自己的公司也不见得就比其他公司差劲。如果你真的觉得自己公司差劲的话，不妨另谋高就，去寻找更适合你的平台；但如果你不打算这么做，而只是闲着没事胡乱抱怨，那只能说明：你会成为这个公司的一员，是因为你无能。

职场女人，管得住自己的嘴，才能守得住未来。

幸福靠经营，别输在不会说话上

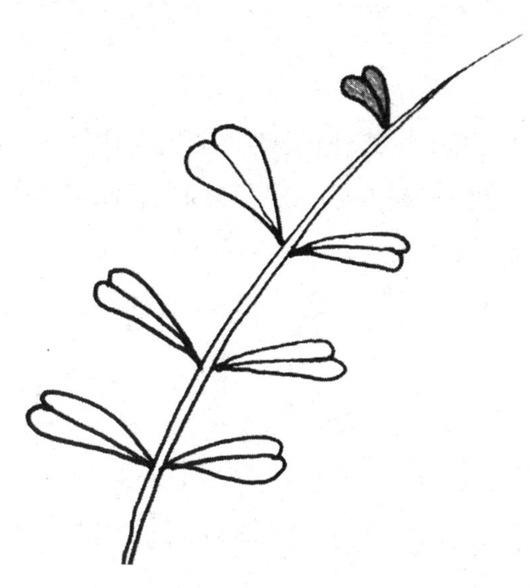

相处得再久，也要以礼相待

“我们最大的错误，就是把最差的脾气和最糟糕的一面都给了最亲近和最爱的人，却把耐心和宽容给了陌生的人。”看到这句话时，相信很多人都会心生感慨。我们在一些公共场合、社交场面上都显得很有礼貌，在朋友、同事甚至陌生人面前都带着笑脸，见了面也会热情地打招呼，说“拜拜”“谢谢”。可到了家里，面对自己的丈夫时，态度却变了，变得不愿意说话，脸上的笑容也不见了。

或许，从现在开始，我们都需要改变一下这样的态度。任何幸福温馨的家庭都需要两个人共同经营，两个人并非因为责任才为这个家庭付出，而是因为爱。当你的爱人为家里换了灯泡、修了马桶、打扫卫生时，哪怕他做得不是很完美，也要对他说声“谢谢”。

可能你会说：“我也做了很多家务，可他从不谢我一句啊！”这样的想法可以理解，但有一点不要忘了，营造美好家庭氛围的主动权往往是掌握在女性手中的，你不妨用自己的温柔和理解去打动丈夫，这样他就会很高兴为你做事了。

事实上，在很多成功人士心里，最令他们得意的不是事业，而是家庭。有一对夫妻，俩人从认识到现在已经很多年了，从不吵架，生活一直幸福美满。当有人问起其中秘诀的时候，丈夫这样回答："谨慎地挑选伴侣很重要，但更重要的是婚后的以礼相待。倘若那些年轻的妻子能够像对待陌生人那样很有礼貌地对待自己的丈夫，他们的婚姻就会幸福美满了。如果她们结婚之后变得蛮横无理，整天命令自己的丈夫做这做那，那么所有的男人都会被吓跑。"

幸福美满的家庭生活是两个人相互尊重、以礼相待的结果。虽然你们已经成为最亲近的人，但也不要毫无顾忌地指使对方做任何事情。美好的家庭是两个人共同维持的，爱情就是维系夫妻关系的纽带。没有养分的爱情是无法生存的，而彼此的尊重和理解正是爱情的养分。

与此同时，家庭中的礼貌也是作为夫妻间尊严和人格的需要而存在的。无论丈夫还是妻子，劳动之后都应该得到肯定和赞扬，这样才会感到自己劳动的价值所在。一句简单的赞美，就会令对方在辛苦劳动的时候，心里也是快乐的。特别是在有了小孩之后，良好的家庭礼仪会让孩子在健康的环境中长大，对其人格的塑造非常有利。

生活中，我们常常用羡慕的神色去看那些幸福美满的家庭。其实，这样美好的家庭氛围完全可以自己去营造，让家庭礼仪无处不在，让其他人也羡慕你的家庭是多么有修养。作为一个妻子，你对自己的家庭起着异常重要的作用。你的爱人和孩子是否快乐，能否感觉到家庭的温暖，是否对彼此以礼相待，这都取决于你怎么做。

既然如此，应该如何去保持家庭礼仪呢?

必须给足自己丈夫面子

尤其在大庭广众之下，不管他脾气多差，甚至是训斥了你，也不要跟他“针尖对麦芒”地对着干，这样只会让情况更加恶化。聪明的女人则会等到回家之后再平心静气地跟丈夫交流，从而让丈夫意识到自己的错误。

适当地表达感谢和祝福

在他早饭后准备上班时，记得对他说声“再见”，让他工作更愉快；晚上睡觉前对他说“晚安”，让他有个好梦；当他出差回家给你带来礼物时，不管你喜不喜欢，都要表达出惊喜，因为这是他记挂着你的表现；当他在家做了家务，无论是洗了杯子还是修了灯泡，你都要感谢并称赞他，因为这能够满足一个男人的自豪感，让他感到自己在家庭中的作用。

身在同一个家庭中，我们应互相尊重。如果一个家庭中常常能听到“谢谢”“拜拜”“祝你愉快”“辛苦了”“很抱歉”等礼貌性话语，那么这就是一个和睦幸福的家庭。

任何问题都要心平气和地说

世间最温暖的莫过于贴心之话，世间最冰冷的莫过于伤人之言。在这个浮躁的年代，心平气和地沟通变得越来越难，愉悦的家庭氛围也离生活越来越远。面对名利地位、财富欲望的诱惑，太多女人显得不够淡定，心里只想着生活能一夜之间得到改善，而对丈夫的态度除了埋怨就是数落，不管遇到大事小事，从未想过坐下来好好谈一谈。似乎在她们眼里，夫妻间已经太过熟悉和了解，不需要再沟通；在她们心里，认定了丈夫就“这样”，改变不了。

阿波是一家广告公司的创意文案，每天的工作压力非常大。即便下了班，他的脑子也会不停地想那些没有敲定的方案。妻子不太理解阿波的工作性质，她满脑子想的是“我每天这么辛苦，你却一句安慰的话都没有”。看到阿波苦思冥想的样子，她总是说：“你累得倒挺像一个成功人士，赚得还不如快递员多。”

她心里嫌弃阿波没有给自己足够的关心，可话说出来，完全不是想要表达的意思。阿波听了这样的话，自然很恼火，他想：“我容易吗？累成这样，还不是为了这个家！”好几次，他们都因为这事争吵不休。

渐渐地，阿波宁愿在办公室加班，也不想回家，有时甚至好几天都不回家。妻子打电话给阿波，言语里没有任何关心的影子，有的还是质问和指责，说他整天不着家，不负责任。这样的吵吵闹闹弄得阿波疲惫不堪，工作效率也直线下降。毕竟，动脑子的活儿需要的就是一个安静的环境，还有一颗平和的心。

最后，阿波实在受不了吵闹的日子，向妻子提出分居。他不忍直接说离婚，因为他心里对妻子还有爱，只是他真的不知道，这段婚姻路该用什么样的方式继续走下去。

夫妻之间的一句话，可能引起争吵，也可能促成和好；可能会带来椎心刺痛，也可能带来满心欢喜。阿波为事业辛苦忙碌，妻子没说过一句鼓励和支持的话，反倒是挑剔他、挤对他，相信任凭是谁，也受不了爱人这样的冷嘲热讽。他们的这一段婚姻走到了分居的地步，并没有情感上的特殊矛盾，完全就是因为“话不投机”。

经营婚姻不是一件容易的事，与爱人沟通、提建议也要讲方法。就拿阿波的问题来讲，妻子可以用温柔地语调告诉他：“看你这么辛苦，我真担心你把身体熬坏了。虽然我知道你是个上进要强的人，可我更喜欢有一个健康、每天笑呵呵的丈夫。”

这番话听起来肯定要比“你不如快递员赚得多”舒服得多，更重要的是，这种平和而有力量的支持也会给他的工作注入激情，让他没有后顾之忧。其实，男人都是很聪明的，你的关爱和提醒他会记在心上，你对他的好也会让他不忍心冷落你。

艾米结婚快十年了，有个可爱的女儿，物质生活也挺富足，唯一让她苦恼的就是，丈夫总是忙于工作，有时连续几天住在公司，电话也不打一个。艾米曾经多次提醒丈夫，多给家里打打电话，可丈夫老是拿没时间作为理由。

一天晚上，艾米吃过晚饭后带着孩子去小区附近的健身场玩，故意没给丈夫留晚饭，还把手机丢在家里。等到她回家时，看见丈夫的公文包在沙发上，人却没在。过了一会儿，丈夫回来了，气急败坏地冲着艾米喊："你去哪儿了？电话也打不通。我以为你们出什么事了。"

艾米心里很得意，却装作很不在意，答道："你也知道着急啊？你经常不接电话，让我找不到，我难道就不担心吗？"丈夫听后，一句话也没说。见此情形，艾米又缓和了语气，说："我知道，你事业心重，这一点我也挺欣赏的。可你再拼，也要处理好事业和家庭的关系。工作之余，你能多陪陪我跟孩子，我们的生活会更好，我也会把'贤内助'做得更好。"

那次谈话以后，丈夫确实改变了许多。

艾米故意设计了一个"局"，没有大发雷霆地吵闹，却让丈夫体会到了自己平日里的感受，改善了夫妻间的关系。相比之下，那些抱怨了丈夫一辈子却还得与之共同生活的女人，显然是不够聪明。很多时候，试着改变一下说话的方式，就能让表达的意思迥然不同。

杜绝轻蔑的语气

美国西雅图葛特曼研究院创建者、《婚姻美满的7条准则》一书的作者、哲学博士约翰葛特曼认为，轻蔑会加快婚姻的崩溃。感情不和的夫妻之间，最明显的征兆之一就是不管丈夫说什么，妻子总是不屑一顾，或是面带挖苦地说："就知道你会这么说。"

这样的言辞，虽未直接责难，却等于在用另一种方式说丈夫愚蠢。倘若能考虑一下丈夫的感受，试着用真诚的语气表明你希望他怎么做，往往可以顺利地解决问题。

强调他带给你的感受

对他有什么不满的地方，别列出一大堆抱怨和委屈的清单，要强调他的行为带给你的感受，而且一次沟通只谈一个问题，比如："我想跟你说，你每天下班只顾着打游戏，我觉得挺难受的。"这样说来，势必比"我真受不了你"要好得多。另外，说话时不要用"总是"或者"从不"这样的字眼，要知道这些字眼出现时，丈夫是不可能和你进行正常交流的，因为它表示着全盘否定，意味着责任全在于对方，而与你没有任何关系。

多给他一些积极回馈

最后一点，别吝啬对丈夫的肯定和感激，这会让他乐意继续坚持下去。幸福的夫妻深谙彼此欣赏的重要性，他们会经常互相赞美，哪怕是细枝末节的地方，也不忘说声"谢谢"。夫妻相处时，如果把爱、尊重、理解、包容时刻融在话语中，几乎所有问题都能够得以回避和改善，这样一来，婚姻关系也能日趋完美。

吵架不可怕，怕的是口无遮拦

他洗完澡总是把脏衣服扔在浴室的地板上；刚擦干净的桌面又被他弹上了烟灰；你叮嘱他一定记得交网费，结果在你想要加班忙碌的时候，发现网断了……于是，你忍不住大发雷霆，把心里的怒气统统倒了出来，指责他的种种不是，甚至牵扯到了曾经的点点滴滴。最终，一家没有硝烟的家庭战争以愤怒开始，以失控延续，以冷战告终。

虽然金庸先生说，不吵架的夫妻不是真夫妻。可就吵架这件事来说，很少有男人主动挑起争吵的事端，他们大多习惯用沉默表示抗议，或者干脆做出退让；真正喜欢动嘴吵架，吵到最后又伤心伤情的，往往都是女人。有时，看到男人默不作声，女人心里的怒气更是难消，总觉得那是无言的挑衅和不屑一顾。愤怒和冲动会让她变得歇斯底里，控制不住自己的情绪，吵到疯狂无度，自哭自怜。也许是彼此间太熟悉了，言行上也没有了顾忌。

坦白说，这样的女人不可爱，也不美丽，无论是在爱人心中，还是旁观者眼里。看到女人愤怒到口无遮拦、蛮横无理的样子，任何一个男人都会不自主地感到厌恶，即便他依然保持着忍让，可心里始终会留下一道难以愈合的伤口。当有一天，积蓄的暗疾触及了他的底线，沉浸在谩骂声中的女人必将尝透凉薄。

健身房的瑜伽室里，小米正跟美丽的女教练倾诉心声。她说，自己原本也有天使的脸孔和魔鬼的身材，可自从一个月前买了那个奢侈品皮包跟老公大吵一架之后，每天下班回家，两个人就开始闹冷战。为了发泄情绪，她每天晚上都会吃很多东西，结果，一下子就胖了近10斤，身材越来越不“魔鬼”，心情反倒是越来越“魔鬼”。

小米称赞女教练的身材，更欣赏她的气质。她说：“我挺羡慕你的，当个瑜伽教练，在教别人的时候，自己也保持了身材。”

女教练摇摇头，说：“其实，我当初学瑜伽的目的，不是为了保养身材，是为了平和心态。不得不说，这是一项很好的平衡身心的运动。我以前也经常生气，现在好多了。我虽是个外人，但也想提醒你一下，吵架可以，但不是乱发脾气，时间长了，感情会受影响。”

“唉！”小米叹了一口气，说道，“难道要忍着不拌嘴、不吵架？我觉得很难。”

“对，很难。可你要知道，会好好说话和有话好好说是女人的修养和品质，虽然很难做到，但至少得去努力。如果总是相互埋怨，互相挑刺，那么两个人在一起还有什么意义呢？”说这些话的时候，女教练不温不火，就像一位深谙人心的灵性导师。

爱情中，吵架永远是一个大课题。为此，有人这样说道：“决定感情是否能天长地久的关键，不在于彼此有多相爱，而是吵架时吵得有多难看。两人争吵时越凶越没格调，爱情就被伤得越深。”两个人相处，冲突不可避免，如何吵出格调，让感情不降温，就需要女人用心去琢磨了。

对女人来说，你一定得知道对方在想什么，还要清晰地把自己的想法说出来。打个比方，如果他说：“你真懒。”你不要焦躁地去反驳：“你有什么资格这样说我？你觉得自己比我强吗？”此话一出，引起的必然是争论。你不妨试着稳住情绪，心平气和地问对方：“为什么这样说？我做了什么事让你这样觉得？”你这样问，他必然会告诉你他的想法。

如果他说的那些事根本是无稽之谈，那你也用不着声嘶力竭地抨击。你把那些觉得不合理的地方清楚地讲给他听，这样的话，争吵就变得有针对性了。否则，你一句、我一句来回地顶撞和反驳，伤人的话说了不少，最终也不会吵出什么结果。

吵架一定是有原因的，这就要求理清彼此的需求。你可以问对方："我要怎么做，你才会满意？"或者直接告诉对方自己想要什么、你希望他怎么做。如此，既省略了相互质问和赌气的过程，又得到了最直接的答案。这样的争吵能让沟通更顺畅，也能增进感情。

记得一位家庭心理学家说过："夫妻吵架大都没什么结果，谁是谁非，不可能明明白白，有时只不过是做某一个选择而已。"所以，两个人吵架并不可怕，关键在于要懂得一些吵架的技巧，也要有所顾虑——有些事情不能随口而出。

不要翻旧账

不要把过去的事牵扯进来，那样的话只能激发彼此的恼恨情绪，对解决问题没有丝毫益处。与其翻旧账，不如冲着未来的问题吵，制定一个规则——今后再遇到类似的问题时怎么办？把争论的焦点，从发泄情绪转移到解决问题上，这才是明智的选择。

不强求对方

无法改变的事情最好不要提，比如，嫌弃对方家世不好、赚钱不多，等等。要么你就接受现在的他，要么就考虑离开他，不要勉强对方做一些他不可能完成的改变，一味地强求不过是增加彼此的挫败感，让他觉得你不够通情达理。

允许对方说话

沟通应当是双向的，在吵架的问题上，不要太"强势"，只顾自己滔滔不绝，却容不得对方把话说完。就算他说的内容杂乱无章，你完全可以提醒他，只讲重点。在他说完后，重复一下他的想法，确认他的意思。当人感觉自己被理解时，内心就会平静一些。反过来，如果对方一直打断你，也别太恼怒，你可以直言不讳地告诉他，让你把话说完；如果他执意打断你，那么谈话可以暂时告一段落，让他知道，什么时候他不再打断你，你才能继续沟通。

女人要清楚一点：吵架不是为了让谁难过，只是用一种比较激烈的方式，讨论和解决问题而已。嗓门的高低和扭曲的神情带来的只有厌倦和痛心，就算“战事”平息了，也会给彼此留下阴影，实在得不偿失。更何况，没有哪个女人愿意背负上“不可理喻”的骂名。

没有男人不厌烦女人的唠叨

能让男人晕头转向的女人只有两种：一种是美丽与智慧并存的完美女人，另一种则是喋喋不休的唠叨女人。可惜在现实生活中，第二种女人占了大多数。她们口无遮拦，喋喋不休，即使发现男人身上一点点的错误，也会不依不饶，唠叨个没完。

善意的、有节制的唠叨会让男人念念不忘、心存感激，但无休止的反复唠叨则一定会让男人落荒而逃。法国的拿破仑三世是拿破仑·波拿巴的侄子，他爱上了全世界最美丽的女人——泰巴女伯爵，并和她结了婚。虽然他的顾问指出，玛丽·尤琴只不过是一个地位并不显赫的西班牙伯爵之女，但拿破仑三世不以为然地说：

“这有什么关系？”他沉迷于尤琴那迷人的美貌，感觉自己像神仙般幸福。他甚至在一次皇家公告中公然宣布，他已经爱上了一位值得他敬重的女士，即使遭到全国人民反对，他也绝不后悔。

没有想到的是，这份爱情的热度很快就开始下降，最后只剩下了灰烬。原来，虽然拿破仑三世让尤琴当上了皇后，但即使他倾尽法国所有的财富，献出他全身心的爱，甚至拿出皇帝的权威，也仍然无法阻止这个女人的唠叨。

在嫉妒和猜疑的驱使下，尤琴皇后根本无视拿破仑三世的命令，甚至不允许他有一丁点个人隐私。有时她会突然冲进拿破仑三世的办公室，把正在处理国务的拿破仑三世吓一跳；当他在讨论重要事务时，她也会进来干扰；她有时甚至会在他的书房里大发雷霆，辱骂拿破仑三世。

你一定想问：尤琴这样做的结果是什么呢？下面就引用莱哈德的巨著《拿破仑三世与尤琴——一个帝国的悲剧》中的原话来说吧！

“从那以后，拿破仑经常三更半夜时，在一个亲信的陪伴之下偷偷从一个小侧门溜出去，用他的小软帽遮住双眼，真的去和一位正在等他的美貌女士幽会；或者是在巴黎这座古老的城市里游览，欣赏平时难得一见的街道美景，呼吸那本该属于他的自由的空气。”

这就是尤琴皇后唠叨的结果。不错，坐在法国皇后的宝座上的她，的确是全世界最美丽、最尊贵的女人，但她的喋喋不休毁了她最珍爱的东西。最后，尤琴皇后失声痛哭：“我最担心的事情终于发生了。”这种事为什么会降临到她的身上？这当然是她自找的。

一切都源于她的嫉妒和唠叨，这种方法就像眼镜蛇的毒牙一样，总是置人于死地。

女人之所以喋喋不休，多数情况下是渴望通过这种方式来改变丈夫，希望他们按照自己意愿行事，唠叨声中有一大半是源自“爱”。所以，时常会有女人这样辩解道：“如果你跟我没关系，我才不会说你。”基于“爱”，女人想把男人变得更优秀，或者通过间接地抱怨男人哪里做得不好，希望他能够关注自己，或是体会到她的用心良苦。

可惜，90%的男人都不会“领情”。相反，他们讨厌女人没完没了的唠叨，也会暗自埋怨女人太麻烦。倘若女人继续喋喋不休，男人就会变得无所适从，日后很可能视女人的话为耳边风，变得爱答不理，甚至熟视无睹。这样的结果，绝对不是女人希望看到的。

西方有位哲人说过：“一个男人能否从婚姻中获得幸福，他将要与之结婚的人的脾气和性情比其他任何事情都更加重要。一个女人即使拥有再多的美德，如果她脾气暴躁又唠叨、挑剔、性格孤僻，那么她所有的美德都等于零。”

婚姻是一个共同体，但也需要彼此独立和自由。换位思考一下，如果他整天在你的耳边说这不准、那不行，给你制定各种条条框框，你会不会感到疲倦？将心比心，男人也是一样的。所以，在跟爱人相处时，一定要尽量减少唠叨或不唠叨，以其他的方式去表达你的心情和意愿，让他乐意对你做出回应。

用理解替代唠叨

学会用理解替代唠叨，尊重男人的思想，不要一开始就说个没完。试着用聊天的方式跟他展开交谈，多倾听他的想法，少唠叨、少埋怨。他心情不好时，就陪他安静地坐一会儿，这也是不错的选择。

注意说话的语气

学会保持冷静，发生不愉快时要注意说话的语气，不要唠叨、埋怨不停。如果你觉得这件事很重要，就心平气和地和他谈谈，在理智与平静的情况下，利用相互信任和合作来消除它。会说话的女人懂得找好时机，用温柔的方式表示自己的想法，比如："你今天累了，你先休息，我不吵你，等你有心情的时候我们再说话。"

多给予一点温柔

男人不是了解人心理活动的专家，更不是宽恕一切的神父。女人一定要明白，用酸的东西去做诱饵抓苍蝇，永远没有用甜的东西那么有效。哪怕现在的你，算不上一个舌灿莲花的女人，但也切忌成为一个唠唠叨叨的女人，多尝试用温柔的方式达到自己的目的，该沉默的时候就闭上嘴，婚姻的生活才会平静安详。

善意的提醒适可而止

喋喋不休绝对是婚姻的一个大忌，也是一种扼杀婚姻的杀人不见鲜血的方式，一旦让它入侵你的家庭，幸福将离你而去。不管遇到什么事情，提醒丈夫的话最多只说两次就行了，超过三次就会起到反作用。你必须牢记这一点，而且千万不要用抱怨或指责的口吻去说，否则即使是善意关心的话也会令人反感。

归根结底，想让亲密关系更和谐，想让男人理解你的感受，就要给予他适度的关爱，也给他适度的自由，在必要的时候保持沉默。你能做到不唠叨，他也会比以前做得更好。

嘴甜的女人，婆媳关系不会太差

都说恋爱是两个人的事，婚姻是两个家庭的事，此话一点都不掺假。多数女人心里都明白，嫁为人妇，进了别人家的门，就有了“双重父母”，想要日子过得安稳太平，就得处理好婆媳关系。尤其是在现代“单独”的家庭里，婆媳之间若不能和平共处，婚姻生活就会变成一种煎熬，对自己、对公婆、对丈夫，都会造成心理上的压抑感。

当然，并非所有的家庭都存在婆媳矛盾，毕竟生活在于经营。一位女士在丈夫生日的时候，订了一个双层蛋糕，还准备了两份礼物。她对朋友说道，这两份礼物，一份是给丈夫的，一份是给婆婆的，感谢婆婆生下了他，并把他交给了自己。虽未亲眼目睹这样的情景，可单凭她说的几句话，就足以令旁人感动了，更何况是婆婆呢?

感情都需要沟通，这一点对于任何情感都适用。平日里，女人不仅要多花点心思孝敬婆婆，还要在说话上下功夫。这里有一些实用的沟通技巧，建议有需要的女性朋友了解一下。

从心理上理解婆婆

家不是讲理的地方，而是讲爱的地方，想要跟婆婆相处得好，首先就要从心理上理解婆婆。世界上没有不对的父母，即使有的时候她很啰唆、很麻烦，与你的观点和思路总是格格不入，但你要知道、要相信，她的出发点绝对是好的。两代人的思维和生活方式不同，在简单的生活琐事上就不要斤斤计较，多点理解、少点埋怨，很多口舌之争就都能避免了。

尊重和关爱婆婆

对待父母长辈，尊重和关爱自然是少不了的。作为儿媳，说话一定要有分寸，切不可在言语中带有怠慢和不恭；若是婆婆年事已高，身体不好，多点细心的照顾，千万别说嫌弃婆婆的话。你的付出，婆婆都看在眼里，记在心里；你的孝顺，也必然会赢得婆婆的真心与感激，让婆婆视你为女儿。有了这样的感情基础，彼此间的矛盾必然就少了。

婆婆虽不是亲生母亲，可她生养了你的爱人。作为儿媳，要怀有一颗感恩的心，在言语上多关心婆婆，多跟她说一些体贴的话。世人常说，人心都是肉长的，你对她好言好语，她自然也不会冷若冰霜。遇到一些和家庭有关的事情，记得跟婆婆说一下，就算她不拿主意，也要让她参与其中，表示出你对她的尊重。你拿出真心诚意了，婆婆又怎会亏待你?

原谅她的老旧观念

老人跟年轻人生长的年代不同，对许多事情的看法也不一样，这是一种必然，无须苛责埋怨。就算有时婆婆说了什么不当的话，也要给予理解，毕竟是自己家人，她只是观念上没有更正过来，并非有什么坏心。

有了矛盾及时沟通

有些儿媳妇心里对婆婆不满，却不肯当面沟通，而是到外面跟别人说三道四。俗话说，家丑不可外扬，婆媳之间闹矛盾，本就不是什么光彩的事，要是再把这些事说给邻里听，成了他人茶余饭后的谈资，或者在添油加醋之后传到婆婆耳朵里，势必会让问题变得更糟糕。

既是一家人，生活在同一屋檐下，都本着同样的目标，那就要坦诚相待。有什么问题，以真诚的态度、善意的动机把自己心里的想法说出来，彼此协商，不是要争论出谁是谁非，而是要统一思想，把问题消除，让家里的氛围变得祥和。

嘴巴适当甜一点

要想婆媳感情好，媳妇的嘴巴一定要甜。进门热情地叫一声“妈”，出门辞别时也说一声“妈，我走了”，别小看这两声称呼，它足以让婆婆感受到你对她的亲切。老年人社交活动有限，很少跟别人交流，平常下班回家，不妨多跟婆婆说说社会上的新闻、工作上的事情，多点沟通和交流，彼此的感情就能渐渐升温。

沟通，永远是打开心灵最合适的那把钥匙。多点理解和尊重，只要你真心去对待婆婆，你也会得到她的真心。别忘了，幸福是把握在自己手里的。

与孩子沟通要体现尊重与平等

利文斯登·劳拉德曾经写过一篇文章——《请原谅你粗暴的父亲》。

请原谅你粗暴的父亲，我的儿子，你听着，我想在你睡觉时对你说几句话。

你躺在床上，一双小手放在脸上，额头上冒出的一些汗水粘住了你那黄色的卷发。这时候，我悄悄地来到你的房间。我刚才正在书房看报纸，突然觉得非常懊悔，以至于呼吸不畅，所以我现在带着忏悔之心坐在你的床前。

我的儿子，我回想起了很多事情，我对你的确是十分粗暴。你洗漱好要去上学时我就斥责你，只是因为你没有认真地擦脸；当你没有把鞋子擦干净时，我也会对你大吼大叫；当你把东西掉在地板上时，我也会对你大发雷霆。

吃早饭时，我又一次看到你的错误：你不仅把东西渣掉在餐桌上，还没有一点餐桌礼仪，将胳膊肘架在了桌子上，还把厚厚的黄油涂在了面包上。我要赶往火车站而你正要出去玩时，你朝我挥手告别，大声说："爸爸再见！"而我却皱着眉头告诫你"挺胸站直"。

到了晚上，这样的事情又开始重演。你跪在地上玩弹珠时把长筒袜磨出了好几个洞。我说："我们需要用钱来买袜子，如果是你自己出钱的话，你就会在意袜子了。"哎，当爸爸的我怎么能对你说这样的话呢！还在你和小朋友玩时把你拽回家，伤害到了你的自尊。

你是否还记得，之后你小心地走进书房，犹豫怯懦地站在门口，用含有委屈的眼神看着我。正在看报的我非常不喜欢你过来打扰，凶狠地问你："你究竟想做什么？"你没有说话，而是突然朝我跑了过来，带着连上帝都会感动的爱，搂住我的脖子吻了我，又用小手紧紧抱了我一下，这才快步跑上楼。我的儿子，你离开后我心中涌起一种强烈的愧疚感，连报纸也从我手中滑落。我就是对你太严格了，动不动就呵斥你，这居然就是我对自己儿子的补偿。我的儿子，我并不是不爱你，只是我对你寄予了过高的期望，而且还以成年人的规范来要求你。

但是，你拥有真、善、美的本性，你幼小的心灵就如同清晨的朝阳，照亮了一群群山脉——你对我的吻和向我说晚安就是最好的证明。我的儿子，其他东西都不是重要的了。所以我在黑夜怀一颗忏悔之心跪在你床边。

我知道这只不过是毫无意义的悔悟。就算在你醒来时对你说这些，你也不理解，但我已决定：从明天起，我会做一个真正的父亲。我要做你的朋友，和你同甘共苦。我再也不会对你不耐烦地说话了，我会不断地、郑重地提醒自己："他只是个孩子——一个小男孩。"

我想，我之前是把你当作成年人来要求了，但是，我的儿子，当我看到你蜷缩在你的小床上睡觉时，我才意识到你还是个小孩。你依偎在妈妈怀里，把头放在她肩上……这些场景就仿佛发生在昨天。之前我对你太苛刻，太苛刻了！

多么感人至深的一封信啊！相信很多已为人母的女士看到这封信后，都会有所感悟吧！许多妈妈总是对孩子发号施令，摆出一副大人的架子，把自己的主观意愿强加在孩子身上，根本没有顾虑到孩子内心的感受。一旦孩子没有做到自己预期的样子，妈妈就会对孩子感到失望和不满，强制孩子按照自己的要求做事，闹得亲子间的关系越来越疏远、越来越僵硬。

在你说那些批评、指责的话语时，你有没有想过，孩子真正需要的是什么呢？

一个小女孩蹲下来对着一盆不知名、却开得很漂亮的花说话。她的妈妈走了过来，问女儿："你在对花儿说什么呢？"小女孩回答："我跟它们说，它们真好看。"

妈妈很惊讶，问道："那你为什么蹲下来说呢？站着说不一样吗？"

小女孩说："那怎么能一样呢？花儿那么小，站着说话它怎么能听得见呢？对花儿说话，一定要蹲下来，在花面前轻轻地说，它才不会害怕，才会听到啊！"

童言无忌，却道出了最真实的心声和需要。在弱小的花儿面前，孩子扮演的就是一个"大人"的角色，她对花儿说话的态度，映射出来的就是希望大人对待她的态度："蹲下来，轻轻地说，它（她）才不会害怕，才会听。"

美国精神病学家威廉·歌德法勃说过："教育孩子最重要的，是要把孩子当成与自己人格平等的人，给他们以无限的关爱。"时常用大人的口吻、家长的姿态与孩子说话，只会招致孩子的反感。唯有像朋友一样对待孩子，才会让孩子从内心接受你所说的一切。特别是在说话的时候，更要注意以下几点。

站在孩子的角度去沟通

要成为一个善解人意、能与孩子成为朋友的母亲，就要蹲下来与孩子沟通。你的位置和角度要跟孩子一致，你的思想观念要与孩子在同一水平线上，了解他们的思想，用孩子的眼光去看世界，你才有可能真的知道他们的所思所想。孩子虽小，却也是独立的个体，应该得到父母的尊重。试着蹲下身子去看看，孩子的视野里究竟是什么？用孩子的目光来眺望世界，不要把自己认为的“对”与“错”、“好”与“坏”强加给孩子。

多给孩子一些赞美

有的孩子报了绘画班，画了一张稚拙的画，年幼的孩子却沉浸在自己的幻想和喜悦中，兴致勃勃地拿给家长和老师看，希望得到夸奖。这时候，如果师长对他的画不屑一顾，说“画的什么呀，四不像”，孩子的积极性就会受到打击，在这一点上，他们和成人是一样的，同样有自尊，有需要被人欣赏和赞美的需要。

用引导和启发代替批评

孩子做错了事，有的妈妈会劈头盖脸地训斥孩子：“你做得不对，怎么又错了？”这个时候，妈妈应该委婉地跟孩子沟通，把指责换成一种平等的沟通，比如：“你再想想，还有没有其他的办法呢？”用引导和启发的方式，远比直截了当地批评否定要好得多。

要有足够的耐心

做一个善于跟孩子沟通的妈妈，一定要有足够的耐心。也许，有些问题孩子不一定能够很快理解，你要帮助他慢慢地去认识，毕竟成人与孩子之间的年龄、心理和思想感情都有差异，理解需要过程。

每一个作为母亲的女人，不妨都来重温一下黎巴嫩诗人纪伯伦写的那首诗："您的孩子并不是您的孩子，他们是生命之火的儿女；他们通过您来到人世，却不是您的化身；他们整天和您生活在一起，但并不属于您。"

其实，孩子最向往的母爱，不是溺爱、宠爱、偏爱、私爱，而是平等和理解，你给了他想要的、需要的，他自会回报你所期待的。

再亲密的朋友，也得有所顾忌

玥蜷缩在床上，孤单地看着碟片，像是一只受伤的蜗牛。想起几年前，也是在这样的房间里，她和闺蜜在床上看韩剧《对不起，我爱你》，感动得一塌糊涂。那时的她们，年轻单纯，心无芥蒂。那样云淡风轻般的美好，都随着一个叫伟的男生的到来，起了微妙的变化。

伟是闺蜜的男友，他们相识在一间普通的书店，彼此很谈得来。只是，伟的家远在四川，离深圳有些远，闺蜜觉得他真的是自己的灵魂伴侣，便忍不住把这件事告诉了玥。

当玥第一次看到那个矮个子男生的照片时，再听闺蜜讲述伟的情况，她心里似乎并未替闺蜜感到开心，反而觉得伟配不上闺蜜，玥直截了当地说："伟的家太远，在深圳没有房子，工作又不好，你跟这样的人在一起……"

闺蜜内心那点快乐的火花，全被玥这番冷言冷语浇熄了。玥似乎没有意识到这点，接下来的日子里，她依然会打听闺蜜和伟的消息。闺蜜一直在强调伟的好，说他和自己在精神上如何契合，可玥还是觉得，闺蜜是鬼迷心窍了。之前，她们两人总在微信闲聊，可现在一说起这件事，彼此都会沉默半天。玥和闺蜜提及自己和男友的事，闺蜜显得很冷漠。

渐渐地，闺蜜不再主动和玥联系。玥约她出去坐坐，闺蜜也开始找借口推托，甚至关机不再回复。玥无论如何也没想到，曾经说过要一起老去的密友，而今却像是陌生人，那么疏远。

终于有一天，她忍不住问闺蜜："我们之间为什么会变成这样？"闺蜜沉默良久，打出一串话："每次听你谈论恋爱的事，我心里就像戳了一根针。朋友之间，难道不该为彼此祝福吗？不是我不想跟你说话，而是我真的不知道该说什么了。"

最后，闺蜜还是选择跟伟在一起了。虽然玥已经跟闺蜜道过歉，可这件事的发生，依然在两个人之间扯开了一道裂缝，难以愈合成最初的模样。

细腻和敏感是女人的天性，这些特质会体现在各个方面，但女人有时又很粗心，特别是在亲密的伙伴面前，有些话不经思索、脱口而出，伤害了对方，也伤害了自己。言语的杀伤力有时比利剑还有过之而无不及，因为利剑造成的创伤是外伤，只要伤口愈合了就没事，而言语带给人的伤害却是内伤，伤的是人心，一个人的心一旦受伤了，可能会彻底离开。

就像玥这样，事后向闺蜜道歉，也不过是抚慰表面的情绪，根本无法治愈内心的创伤。试想一下：如果有两个人同时对你说了难听的话，一个是与你毫不相干的人，一个是你最在乎的人，肯定是后者带给你的伤害更大。所以，越是亲密的人，越得讲究说话的方式，切不可无所顾忌。

不要拿朋友的失误来取乐

有时，朋友说错了一句话，在某些场合出了糗，本来就已经十分尴尬，生怕更多的人知道，在这种情况下，你要尽量表现得自然一些，不要因为关系熟稔，就幸灾乐祸地“取笑”他，这样很容易伤到对方的自尊心。

保持适当的距离

亲密无间不是最好的相处方法，人都需要界限，这是一种安全距离。俗话说得好，君子之交淡如水，朋友之间在经济上要明晰，也不要太过好奇对方的隐私。最好的相处方式应该像刺猬那样，找个合适的距离，既能感觉到对方的温暖，又不会刺痛对方。

不评价对方的感情

爱情这件事，只有当事人最清楚，外人是没有评价资格的，哪怕是很要好的朋友。任何人都有自己的思想和行为方式，谁也不能代替别人思考，谁也不能代替别人选择。我们只能将我们自己的经验和想法委婉地告诉他，至于是否听取，取决于他自己，应当由他自主决定。不必强人所难，也不要自以为是。

不强求对方接受自己的观点

当彼此对一件事情的看法出现分歧时，如果对方坚持自己的想法，不采纳你的意见，那就尊重他的决定，不要强迫对方接受你的意见，也不要咄咄逼人，否则只会让朋友疏远你，弄不好还会产生争执。

总之，再亲密的朋友，彼此也要保持适度的距离，不能因为关系熟稔就认为可以随便地说话，只有相互尊重、相互理解，而又彼此独立，才能拥有长久的友谊。